给未来一种期待

当创业成为本能

谢宏程◎著

ZHEJIANG UNIVERSITY PRESS
浙江大学出版社

图书在版编目（CIP）数据

给未来一种期待：当创业成为本能 / 谢宏程著 . —
杭州：浙江大学出版社，2019.1（2019.3 重印）
ISBN 978-7-308-18740-4

Ⅰ.①给… Ⅱ.①谢… Ⅲ.①谢宏程—自传 Ⅳ.
①K825.38

中国版本图书馆 CIP 数据核字 (2018) 第 260563 号

给未来一种期待：当创业成为本能

谢宏程 著

责任编辑	杨	茜
责任校对	李	晨
封面设计	周	灵
出版发行	浙江大学出版社	
	（杭州市天目山路 148 号 邮政编码 310007）	
	（网址：http://www.zjupress.com）	
排 版	杭州中大图文设计有限公司	
印 刷	杭州钱江彩色印务有限公司	
开 本	880mm×1230mm 1/32	
印 张	7.875	
字 数	134 千	
版 印 次	2019 年 1 月第 1 版 2019 年 3 月第 2 次印刷	
书 号	ISBN 978-7-308-18740-4	
定 价	60.00 元	

前言
PREFACE

2017 年，我正式步入 30 岁的人生大关。

孔圣人曾经说："十五志于学，三十而立，四十而不惑。"

30 岁了，在之前学习和积累的基础上，人应当建立起一套属于自己为人处世、待人接物的态度和原则。

我从 17 岁开始闯荡社会，随即走上创业之路，到现在，已然是一名"创业老兵"。在这 13 年的创业历程中，我从年轻气盛，到笑看人生百态；曾品尝过成功的喜悦，也曾深陷失败、迷惘的泥沼无法自拔。我品尝了人生的酸甜苦辣，经历了创业路上千万种挫折、困难，而今，站在 30 岁的人生节点，终于可以在面对各种情境时都从容不迫，游刃有余。

13 年的创业历程让我明白，没有经历过痛苦的人不会强大，没有流过泪的人不会坚强，成长的过程就是破茧成蝶，挣扎着退掉所有的青涩和丑陋，在希望中坚持，在坚持中挥洒汗水。

13 年来，无数的人劝我放弃，他们质疑我的梦想，怀疑我的能力，觉得我这一生太过折腾。

但对我来说，折腾，是对梦想最大的尊重。不出去折腾，有负生命给我的上场机会，要么折腾，要么庸俗！生活如果不折腾，拿什么回忆？

在这个世界上，成功的有两种人，一种人是傻子，一种人是疯子。我宁愿做一个疯狂的傻子，永远向着光亮的地方飞奔，也不愿意做一个止步不前、安于现状的"聪明人"。因为我相信，这个时代的成功者，是上个时代的失败者。我享受"在路上"的状态，哪怕曾经重重地跌倒，但我的人生永远有一个方向。正因为认准了这个方向，所以我不在乎路上是否荆棘密布。

于是，在某个夜深人静的夜晚，我决定提起笔，写下我在过去 30 年，特别是过去 13 年创业历程中的点点滴滴。

如果此刻，翻开这本书的你正处在青春期，也许你玩世不恭、调皮捣蛋，得不到老师和家长的认可，也许你的内心正在酝酿着一个大大的梦想，却不知道要如何去追逐，去实现，希望你看完我的故事后，能像我一样，只要设定了目标，就拼尽全力去实现。

　　不管这个目标是不是很遥远，不管周围的人怎么评价，别因为困难，就选择放弃。要想学有所成、劳有所获，就必须努力坚持。坚持的过程可能很苦很累，选择放弃则轻而易举，可是你要知道，一旦选择放弃，你想实现的目标，你想抵达的远方，都只能化作泡影。持之以恒的奋斗，才是实现梦想的必经之路，宇宙乃至于万物皆为思维心力所驱使，唯有内心持有强大的定力，方是心想事成终极法则。世界没有比人更高的山，远方没有脚走不完的路！

　　如果你是一位正在经历挫折与痛苦的创业者，或者你正在计划着创业，希望我的创业故事，可以帮助你认清内心最深处的渴望，为你的创业路找到一个正确的方向。追逐梦想的路上，华丽地跌倒，总胜过无谓的彷徨。生活并不完美，但并不代表它不美。再苦，也别认输；再累，也别后退。把一件事情变成爱好，不断去钻研，总会做得越来越好。

　　不忘初心，方得始终。或许只有当你走过弯路，才会更确信自己当初最想要的是什么。初心易得，始终难守。时间总会让深刻的东西越来越深刻，让浅薄的东西越来越浅薄。

　　创业如同一个人的朝圣，这条路必定荆棘密布、充满艰难险阻。因此，如果有正走在这条孤独道路上的创业者，读了我的故

事，能够在这苍茫的路途中感到一丝鼓舞和温暖，哪怕只有一位，

我便已达到了目的。

　　最后，谨以此书，献给在我的创业路上帮助过我、鼓励过我

的人。

目 录
CONTENT

01

离经叛道　初露锋芒

POSSIBILITY

童年时光

（1）

我是Jackie，谢宏程，一个百折不挠，连续创业13年的创业者，一个心中永远藏着一团火的梦想家。

1987年一个普通的夜里，我出生在一个再寻常不过的教师家庭。父亲在一所学校当老师，母亲则全职在家照顾我、弟弟和家里的老人。虽然日子过得稀松平常，却充满了幸福和温馨。

自我很小的时候起，父亲在学校里就颇有声望。他是一个果断又很有魄力的男人，有着极强的上进心和责任感，对自己和身边的人都有非常高的要求。也正因如此，父亲对我和弟弟的要求格外严格。记得我从四五岁开始，就和弟弟一起学习小学二三年级课本里的内容。要知道，这是其他八九岁的孩子才会开始学习的东西，而我跟弟弟整整提前了四五年。

当时的父亲虽然很忙，但仍然坚持每天亲自给我和弟弟上课。他认真地制订教学计划，按照计划向我们传授书本上的知识，然后给我们一段时间去消化和巩固。隔几天，他会通过不定期考试的方式，考查我们学习领会的情况。

很多时候，他要给学生们上课，我们就坐在办公室里一边看书一边等他。印象中，爸爸的同事们都非常善良和友好，对待我和弟弟也非常随和、亲切。每当看到我跟弟弟在等爸爸下课，只要他们有时间，都会来给我们讲解知识，有时候甚至还会给我和弟弟一些零食吃。

可以"肆无忌惮"地获取想要学习的知识，可以随时随地向任何一位老师求教不懂的问题，这是当时只有教师家庭的孩子才能享受到的一种"特殊福利"。但也正因为如此，父亲对课业的学习和进度把控严格，从来不给我们松懈散漫、马虎大意的机会。

我和弟弟正式跟随父亲学习，是从最基础的汉语拼音开始的。我怎么也没想到，刚刚开始学习拼音，我就经历了人生第一次艰难的考验。

也许是因为我年纪尚小，也许是因为我天生对平翘舌音就缺乏敏感性，声母中的 zh、ch、sh 和 z、c、s 总是分不清楚。虽然当时我的父亲、母亲及父亲的那些老师同事，都教导过我无数次，指正过无数次，但一直没有太大的进步。对于平翘舌音，我仍然难以分辨。

在很长的一段时间里，平翘舌音就是我避无可避的死穴。念到"十"和"四"、"吃"和"次"这些词的时候，我的舌头就好像会打结一般，完全脱离了我的控制。

学习完平翘舌音后的一天，父亲从学校下班回来，按照惯例要考查我跟弟弟的学习情况。他还不知道我的舌头"不太受自己的控制"，但我却对自己的死穴非常清楚。想起父亲平时的严厉模样，想想自己的糟糕情况，我紧张得心脏都几乎要从胸腔中跳出来，手心里冒出了密密麻麻的汗水。

那是一次让我此生难忘的经历，我经历了一场可以用"惊心动魄"来形容的考查。平时在学校里脸上总是挂着温暖微笑的父亲，那一晚收起了温柔的笑容，取而代之的是紧紧锁在一起的眉头和凌厉的眼神，让原本就对父亲充满敬意与惧意的我，更加忐忑和不安。

那天，弟弟的考核顺利通过了，而对我的考核，只进行了一半就提前结束。我的"死穴"终于被父亲发现，随之而来的是一场严厉的惩罚。那一整个晚上，我都被罚跪在客厅的地板上，一遍又一遍、一次又一次地练习我的平翘舌发音。

我不知道"棍棒底下出孝子"这句话是不是真的有道理，但是我确信，严格的家庭教育，确实可以纠正孩子身上很多的问题和毛病。正是父亲从小严格的家教，造就了我认真而又拼命的品质。这段学习的时光虽然辛苦，但让我觉得快乐。父亲严格的教育方式不仅让我收获了很多知识，更让我从小就对老师和教育，产生了一种天然的亲切感与喜欢。

于是那个晚上，虽然我跪在地上接受了严厉的惩罚，但内心却没有一丝的委屈和抱怨。因为当我从一开始的忐忑和惊慌中回过神来，我意识到，这似乎并不是一个不能克服的困难。

当太阳缓缓地从山边升起，一缕带着温暖的阳光透过窗户照进了客厅。我抬起头望向窗外，这个世界又迎来崭新的一天。一切也都将有一个新的开始。经过这一夜的苦练，我已经渐渐地能够分辨平舌音和翘舌音了，能够快乐而洒脱地在 zh、ch、sh 和 z、c、s 之间自由转换，恣意驰骋。

虽然一夜没睡，我却没有感受到丝毫的困倦，反而有些小小的兴奋。我仔细留意着父母卧室里的动静，想等父亲起床，第一时间告诉他我练习了一夜的成果：我通过自己的努力，战胜了困难。

几乎在我刚刚停止练习的一瞬间，父亲便轻轻推开卧室的房门，寒着脸，一言不发地从房间里走出来。

"学会了吗？"父亲的语气中仍然带着几分严厉。

"学会了。"我非常自信而有底气地说道，前一天考试前的紧张和害怕似乎已经离我非常遥远。

父亲只微微点了点头，没有说什么，拿过我翻了一夜的书，开始仔细地考问我的发音。

我从容不迫地对答如流。

父亲的脸色依然非常严肃，没有露出一丝笑意，但他的眼神里透露出了几分满意。他点点头，示意我去睡觉，然后转身回了房间。

我想要起身回房，但跪得太久，双腿早已麻木得失去了知觉。

母亲从门后跑出来，抱起趴在地上的我，将我送回房间，放到床上。看着我高高肿起的膝盖，她忍不住倒吸了一口气。

她的眼睛里蓄满泪水，心疼地问我："疼吗？"

当时我只感觉我的双腿酸胀疼痛，犹如千万只小虫在我的骨缝中来回穿梭，贪婪地啃噬着我的骨髓和神经，难受得我直想切掉我的双腿。但听到母亲的询问，我却笑着摇摇头，咬着牙说道：

"不疼，一点都不疼。"

母亲怜爱的眼神里，闪现了几许安慰和笑意。她取来药膏，轻轻地涂抹在我的膝盖上。冰冰凉凉的感觉，将双腿的痛感驱散了不少。

母亲见我扭成一团的眉头终于解开了些，这才放下心来，亲昵地摸了摸我的头，脸上挂着慈爱的笑容，转身走出了我的房间。

我以为自己会在沾到枕头后马上睡着，但是当我一个人静静地躺在床上时，脑子里却一直有一个疑问：为什么我刚停止练习，父亲就推门而出？真的是因为巧合吗？

多年以后，当我慢慢长大了，才逐渐想通。父亲虽然在房间里，但他一定也陪着我一夜没睡，他一直默默地在我看不到的地方，用他的方式守护着我，疼爱着我，关心着我。往后的时间里，每当脑海中浮现起那日父亲严肃的面庞，我都能隐隐感到，在这不苟言笑的严肃神情下，隐藏着的那份关心与疼爱。

而我从未对父亲表达过，其实从那天起，我一直十分感谢他。是他教会了我，如何通过自己的努力战胜困难，虽然这个困难是如此不值一提。父亲的教育给我的人生上了一堂无比生动的课程。我想我喜欢挑战，喜欢不断地超越自己，与父亲的这种教育，有着密不可分的关系。

因为家庭的原因，我上学比同龄人晚一些，但我接受新知识的速度非常快，而且无论是课本内还是课本外的知识，懂的都比同年级的同学多得多。在父亲多年的认真教育和严格要求下，我和弟弟的学习成绩一直名列前茅。经过入学后的几次考试，我成为班里名副其实的"尖子生"，成绩遥遥领先于同班同学。

尽管成绩优异，但我总喜欢调皮捣蛋，也常让老师们火冒三丈、大发雷霆，过不了几天就要被请一次家长。因此，即使我的学习成绩优异，父亲严厉的教训也依然常"伴随"在我左右。

当然，父亲对我与弟弟的培养，绝不仅限于书本。父亲虽然博览群书，热爱钻研，但并不是一个书呆子。他希望我们可以学富五车、博闻强识，也常跟我们说："身体是革命的本钱，要锻炼好身体，才能更好地读书、健康地成长。"所以除了学习书本上的知识，父亲还经常带着我与弟弟一起习武强身。

男孩在小时候，都做过同样的英雄梦。我与弟弟跟着父亲练习武术，总幻想着有一天能够成为一代大侠，行走江湖，扶危济困，拯救天下苍生。

怀着大侠梦，我们每次练习都格外认真，一丝不苟。每一拳、每一式都用十二分的专注反复练习。打完父亲教的一套拳，我们没有丝毫乏累感，总是缠着父亲再教我们几招。

跟父亲学拳，虽然没能让我与弟弟成为一代大侠，却让我们在当时的童年玩伴面前大显威风，着实狠狠地骄傲了好一阵。

我与弟弟童年时最大的一件趣事，就是在跟父亲练完武功之后，在院子里互相"切磋"。受到金庸、古龙几位武侠大师的影响，在那个时代，几乎所有的男孩子对武功都有一种狂热的劲头，我与弟弟更是如此。我们学着电视里武林高手的模样，摆好架势，开始过招。

弟弟从小就比我文静乖巧，很少调皮捣蛋，是爸妈眼中标准的乖孩子，是亲戚朋友口中的完美的"别人家的孩子"，而且又比我小，所以哪怕每次"比武"我都让着他，他仍然完全不是我的对手。我们两人的"比武"，基本都以我的大获全胜告终。

一开始，弟弟输给我还很不服气，非要再来一次。但重来一次也没能改变比赛的结果，他仍然是落败的那一个。

每次都输给我，弟弟有些不开心。我为了哄他开心，就把我们"比武"的一招一式拆分开，讲解给他听。哪个招式不到位，哪里动作不流畅，哪里又出现了破绽。每次给弟弟讲完，他都会用特别崇拜的眼神看着我，好像父亲的武功天下第一，我的武功是天下第二一般。几次之后，弟弟成了我的铁杆小粉丝，这也是我人生中的第一个粉丝。

开始练习功夫后，我和弟弟的身体都壮实了一些，平时在外面也极少吃亏。但这也直接导致了我后来不论是在家里，还是在学校都横行霸道，变成了一个不折不扣的小霸王。除了父亲，没有任何人能降得住我。

（2）

我上小学之后没多久，父亲便辞去了教师的工作，下海经商。

这个选择放在今天来看，再平常不过了，只不过是选择了一条自己喜欢的路而已。但放在 20 世纪 90 年代初期，那可是一件了不得的事情。

在当时社会主流的价值观里，教师是辛勤的园丁，是灵魂的工程师，是非常崇高、受人尊敬的职业。而商人，在改革开放没多久的那个年代，不仅风险极大，而且还饱受争议。两者放在一起，几乎所有的人都会选择当老师。

而且，当时我们一家人的生活，都依靠父亲的工资来维系。一旦下海经商，成则成矣，如果稍有闪失，可能全家人都要朝不保夕了，所以可以想象，当时父亲的这个决定，到底经历了多少挣扎和犹豫，冒着多大的风险。但其实他的初衷，也不过是想让家人的生活，过得更好一点而已。

直到自己创业了，我才渐渐能够体会到父亲当时的果决和勇气。每当我畏惧选择和前行的时候，我都会想起当年的父亲，他的抉择给了我莫大的鼓舞和力量。

甚至我后来走上创业这条路，也与父亲对我的影响有很大的关系。

父亲抉择背后的艰难与痛苦，不是当时只有几岁的我可以理解的。那时我的唯一感受就是：父亲的工作越来越忙，应酬越来越多，陪伴我与弟弟的时间越来越少，他仿佛渐渐地从这个家庭中抽离了出去，游离在我们的日常生活之外。有一段时间，我甚至有些埋怨父亲。

在辞去教师职务后，他在我们所在的城市里开了一家娱乐城。

经历了长时间以来单一保守的文化压迫，人们的"娱乐精神"开始得到了释放。在那个年代，内地的文化和娱乐进入了一个快速的发展期，就如同一颗种子，深埋在神州大地上，迅猛地生根发芽，转瞬间就枝繁叶茂起来。其速度之快、蓬勃之盛，让人惊叹。来自香港地区和欧美国家的电影，来自港澳台的音乐，和来自发达国家的卡拉 OK、歌厅舞厅等娱乐项目，似乎在一夜之间，如雨后春笋般，纷纷冒了出来。

父亲是我们这边首批抓住时代的浪潮、开办娱乐城的人。直至今日，我在佩服父亲抉择的勇气之余，也深深地叹服父亲独到的眼光，他看准了那个年代的方向，他抓住了那个年代人们的需求。所以毫无意外，娱乐城的生意，一天好过一天。

与之相应的是，父亲陪伴我们的时间也一天少似一天。他的全部精力几乎都投入娱乐城的生意之中。我与弟弟再也看不到父亲一脸严肃地考问我们学业的情景，父亲也再没有带着我与弟弟一起习武练拳。每天我们上学之前，父亲已经出门；晚上等父亲应酬归来，我与弟弟早已经沉沉睡去，进入了梦乡。

渐渐地，我在家里见到父亲的次数，甚至还不如娱乐城的客人见他的次数多；而父亲陪伴我们的时间，甚至比醉倒的时间还要少。

从前有父亲在身边管着，我的调皮还算有个限度。如今基本没有了父亲的管教和督促，我如脱缰野马，胜似入海蛟龙。因为那段时间对父亲的不理解，又加上少年的叛逆，我的调皮越来越肆无忌惮，无所约束。老师们对我十分无奈却又管束不住，所以我越来越无法无天。

其实我当时有一种不为人知的隐秘心理。我希望我的调皮，能够吸引父亲的注意，希望他能够狠狠地责罚我一顿。所以父亲越是忙碌，见面的时间越少，我便越发顽劣。用母亲的话说，当时的我，甚至恨不能将天捅破个窟窿。

我多想真的能把天捅个窟窿啊，然后让父亲放下手中的工作回来为我们修补。虽然文静内敛的弟弟没有说，但他对父亲的思念，一点都不比我少。

有意思的是，虽然我越来越淘气，成绩却越来越好，丝毫没有受到半点的影响。我依然顽皮捣蛋，搅得学校天翻地覆，惹得老师火冒三丈。但每次考试，我的成绩都名列前茅，让所有老师惊叹。

但如此名列前茅的成绩，只换来了父亲偶尔的表扬与赞赏，却没有换来父亲的陪伴。

（3）

转眼间，到了小学二年级的下学期，家里发生了意外，爷爷家着了大火。当时的老房子多是木质结构，非常易燃。火势迅速蔓延开来，整幢房子几乎在一瞬间被火海吞没。

这幢爷爷年轻时不知付出了多少辛劳和努力才拼搏挣来的老房子，承载了他无数的汗水与泪水，更记录了一家人的全部回忆。但水火最是无情，随着一阵木头燃烧而产生的噼啪爆裂之声，爷爷的青春、父亲的童年，这里曾经的一切美好似乎在这一瞬间，都被这场冷酷无情的大火带走了。除了一地灰烬，几乎什么也没留下。

大火连续烧了几个小时后，曾经的温馨与回忆，如今只剩一地焦黑。爸爸搀扶着爷爷，两人站在如同地狱的土地上，伫立良久，静静无语。即使我年少懵懂，在那个时刻，也能够感受到爷爷与爸爸的悲痛和创伤。悲痛的，不仅仅是被熊熊大火所吞没的家具、电器；也绝不仅仅是家里存放的，已经付之一炬的大量现金。更让他们悲伤的是，倾注了毕生心血的房子消失了。房子不在了，似乎连家都散架了。

年幼的我站在他们身后，注视着这两个静默的背影，仿佛能听见他们身体里压抑着的悲怆的哭泣。

在如此重大的打击之下，爷爷病倒了。他的病，一方面来自在救火过程中所受的伤；更重要的，是爷爷的心里，无法接受自己这辈子所有的积累和曾经一手打造的家，就这样被这场该死的大火烧光的现实。委屈与悲愤充斥着爷爷的内心。在短短的几天时间里，爷爷生出许多白发，身子也越发伛偻。似乎这场大火，让爷爷一下子年老了十几岁。

爷爷从此缠绵病榻，卧床不起。

经逢如此巨变，父亲终于从繁忙的工作中收回精力，请了几位相熟的生意伙伴帮忙打理娱乐城的生意，将更多的时间放在爷爷身上和家里。火灾的善后工作需要处理，病榻上的爷爷需要照顾，来看望问候的亲朋需要迎来送往，家里的担子都落在了父亲的身上。

没想到的是，家里的事情还没处理好，父亲工作上又出现了问题。父亲请来帮忙打理生意的几个朋友，不仅没有帮忙，反而背信弃义，落井下石！

等到父亲处理好家里的事情，回过神来，娱乐城的生意已经一落千丈，今非昔比了。从前车水马龙、日日笙歌的繁荣景象已经不见，只经过短短几个月，娱乐城的生意已经是门可罗雀，甚至连日常的经营开销都难以为继，父亲为了不让娱乐城倒闭，不得不找人借钱，于是短时间里欠下大量的外债，一家人的生活如同雪上加霜，苦不堪言。

最终，爷爷还是没有经受住接二连三的打击，在我升上三年级之后不久就病逝了。为爷爷守灵的那晚，我看到父亲在偷偷地抹眼泪。我知道父亲心底的痛苦与难过，我也知道父亲的执着与坚强。他把一切都埋在了心底，他有千种惆怅，万般滋味，只是不曾说起。

没过多久，年关将近了。那一年，我经历了这辈子永远不会忘记的一个除夕。

临近年关，家家户户都开始忙碌起来，忙着张灯结彩，忙着置办年货，忙着烹羊宰牛，忙着迎来送往。而我们一家却在那些灯火和快乐投射的阴影中艰难度日，甚至没有吃上一顿像样的饭。

我与弟弟看着别人家的孩子放着花样繁多的鞭炮，心中艳羡得无以复加。不过看着家里的情况，看着日渐消瘦的父亲和母亲，我与弟弟都将失落与艳羡深深藏在了心底。

大年三十的晚上，我和弟弟坐在床上，裹着厚厚的被子，来抵御侵袭入骨的寒意。听着隔壁邻居家电视里传来的春节联欢晚会与一家人开心的欢笑声，心中有些难过与凄凉。

一整天没怎么吃过东西了，肚子很饿，胃酸涌动翻滚，整个人感觉都不是很舒服。我特别怀念以前母亲做的排骨，但现在别说排骨，连个馒头都没有，只能咽了咽流到嘴角的口水。转头看了看比我们吃得还要少，却还在忙碌的母亲的身影，我与弟弟实在不忍心去问母亲，我们什么时候可以吃饭，我们的年夜饭在哪里。

我们一家人坐在床上，饿得无法入睡。没经历过饿的人永远无法想象饥饿有多么痛苦。时间接近午夜，父亲才姗姗从外面归来。

他走进家门，手里拎着两包东西，跟我们说："来吃年夜饭咯。"

看着曾经无比骄傲的父亲的脸上，勉强挤出来的微笑，可以饱餐一顿的喜悦也被冲散不少。我知道白天父亲一定是低声下气从亲戚那里借来了一些钱，又从亲戚的餐桌上，拿了一些饭菜回来。为了不让我和弟弟失望，他甚至从一个有孩子的亲戚家里，为我们要来了几个儿童鞭炮。

碗里的饭菜已经有些冰冷，但我的眼中却莫名滚烫起来，我快要控制不住我的泪水。我的父亲，在我心里，永远是一位伟大的、让我骄傲和自豪的父亲。

那一年的除夕，我们家穷困潦倒；但父亲和母亲的爱，却让我们家温馨无限。

转眼间，年已经过去，父亲的精力再度投入娱乐城的生意之中。但无论如何调整，生意都毫无起色，仍旧是一副要死不活，靠外债才能勉强存活下去的样子。

日益增加的外债，犹如密不透光的浓雾，严严实实地包裹着父亲和我们这个家庭。在浓雾里，我们看不到未来和希望。而浓密到黏稠的浓雾，又压抑得让人无法畅快呼吸。

在那段日子里，我们家的生活，已经拮据到了极点。

父亲的娱乐城终于还是宣告破产了。不知道他怀着什么样的心情，遣散了所有员工，关掉了娱乐城，开始寻找新的目标和机遇。

他的新目标很快锁定了天麻生意。

天麻是一种较为名贵的中草药，可以用来治疗头晕、肢体麻木和小儿惊风等症状；且天麻可入膳，常被用于制作天麻炖土鸡、天麻排骨等药膳，颇受人们的欢迎。

父亲是个博闻强识的人，爱好也非常广泛。他在年轻的时候，曾经自学过医术，所以对医理、方药等，都非常有研究。以前周围的邻居们身感小恙，偶有不适，常常找我父亲帮忙诊治。父亲出手，往往都能够手到擒来，药到病除，也因此在我家附近赢得了不小的名气。

医药之理，人兽也有相通之处。所以父亲不仅对看病治人有研究，对医治宠物也颇有心得，偶尔也会给动物们看看病。

凭借自己对中草药的研究，父亲从货源的挑选鉴别入手，找到了几个质量上乘且价格公道的天麻供应商，渐渐打开了销路。

经过父亲、母亲的不懈努力，我们终于还清了所有的债务，一家人的生活条件也慢慢得到了改善。

回忆起那两年，虽然日子过得特别辛苦，但父亲和母亲却给了我和弟弟最好的保护和疼爱。即使是穷到揭不开锅的时候，他们也从不在我们面前唉声叹气，更不会透露出半点愁容。遇到任何的压力和忧愁，他们都选择自己扛下来。

在父亲和母亲的教导之下，我与弟弟受到了非常积极、乐观、充满正能量的影响。哪怕我十分顽劣，但依然时时都能够判断出是非，从来不触碰底线，不犯原则性的错误。

而且，我继承了父亲的商业头脑，以及他百折不挠、永不认输的坚毅品质。我的身体里流淌着充满了冒险、坚韧、顽强品格的血液；我的骨子里，藏着一个想要拼搏、想要奋斗的灵魂。

这些难能可贵的品质，陪伴我走过了十几年的创业生涯，直至今日。无论是高潮还是低谷，无论是开心还是失落，我都在不断地前行，永不放弃。

初露锋芒

（1）

父亲的娱乐城开业后没多久就有了可观的收入。家人本想让父亲将这笔钱存进银行，赚取利息，但父亲和母亲仔细地商量了之后，还是决定用这些钱投资点其他生意。没过多久，母亲用这笔钱开了一家小超市。

家里有我和弟弟两个小孩，母亲在给超市进货的时候就会刻意多准备一些小朋友喜欢的玩意儿，比如有一段时间特别流行的溜溜球和赛车，又或者是那种价格十分便宜，但可以拿在手上把玩很久的弹珠、弹力球等小玩具。

和现在比起来，那时候学生的课余生活看起来平淡无奇，实际上却更为丰富多彩。大家只要得到一两样小玩具，哪怕只是路边捡到的小石子，都会如获至宝。没有电脑和手机，没有令人眼花缭乱的在线游戏，几个小玩伴拿着同样的玩具，就能聚在一起玩一整天。所以，新上市的小玩意儿只要在两三个小伙伴之间流传开来，很快就会成为学校里人手一件的畅销货。

但是，学校里没有小卖铺，同学们手上的零花钱也有限，在我这个超市的"少东家"看来稀松平常的玩具，对他们而言可能意味着一个新世界，所以每次我将这些玩具带去学校，总会引起一场小小的轰动和围观。甚至有其他年级的同学为了看看这些新奇的小玩意儿，趁下课时间专门来到我的班级门口围观。

很快，我就成了学校里的名人，不少同学都将我视为偶像，因为我每天都有吃不完的零食和不重样的玩具。

这样的情况放在现在的学生身上，大概永远都不会出现，没有人会因为几毛钱的玩具而成为学校里的风云人物。但在那个年代，家长每天给孩子的零花钱一般只有一两毛。如果有哪个同学每个星期能拿超过两块的零花钱，在同学当中就算是个人物了。

而我不仅是个人物，而且还是个大人物。

出于没能陪伴我的愧疚，父母每周给我的零花钱，少则几块，多则十几块，是其他同学的好几倍。但我极少花钱，因为超市货架上琳琅满目的商品已经可以满足我对零食和玩具的全部需求。所以我把所有的零花钱都存了下来，这让我拥有了一笔其他同学都不太可能拥有的"巨额存款"。

渐渐地，我发现了一个很有趣的规律——只要被我选中带到学校里的玩具，无论价格高低，都会成为那段时间玩具中的大热门。我俨然成了"玩具潮流"的风向标。在我的"指引"下，不少同学回家后，会使出浑身解数，央求父母多给一些零花钱。

这样的央求很有技巧。或是在那几天表现得特别懂事，积极主动帮助家人分担家务；或是争取在学校赢得某位老师的表扬，以此回家邀功。大部分同学深谙此道，因为在多次实践后，他们发现这样的方法比起直接跟家长提要求或者哭闹着让家长妥协，成功率要高很多。

几乎所有同学都能凭此战术取得成功，得到一笔额外的零花钱，用来购买他们想要的玩具；剩下一小部分同学，大概由于那几天表现实在欠佳，就只能眼巴巴地看着别的同学聚在一起玩，或者每天咬牙坚持着，一毛、两毛地慢慢攒。不过，等到他们存够钱，我往往已经带起了下一波新玩具的热潮。

无论通过什么方法，拿到钱之后，等待的时间就显得格外焦灼难耐。满怀着对新玩具的憧憬和期待，他们的心思早已经飘出了学校外，但还是要努力地压制着逃离课堂的冲动。

钱放在口袋里仍然不放心，还要用手牢牢压住，或者隔两分钟伸手进去确认一次。下课铃声响了，也不敢像往常一样随意走动，生怕好不容易得来的零花钱一不留神就掉了。

我在这其中，发现了一个"小商机"。

我偷偷从超市里挑选了几样最近刚上架、价格又在同学们承受范围之内的玩具带去学校，尝试着向同班同学兜售。

我首先向我的同桌展示了我的商品。当他在我的课桌内看到那一排小玩具时，我分明看到他的眼睛仿佛被点亮了一般，闪烁起耀眼的光芒。

接下来的一整堂课，我不断收到同学的小纸条，他们都在纸条上小心翼翼地询问我，为什么要将玩具带来学校，是不是可以借给他们玩一下。

下课后，我满脸骄傲地告诉他们，这些玩具是拿来卖的，只要付一点钱，所有人都可以买到这些玩具！

在此之前，我没有任何商品交易的经验，但我对这次"尝试性销售"十分有信心。

果然，我带去的玩具受到了同学们的热捧，"谢宏程那里有玩具卖"的消息像原子弹爆炸一样迅速在整个学校传播开来。第三节课下课的时候，我的商品已经销售一空。

很多其他年级的同学消息不够灵通，他们拿着钱赶来我的教室门口时，却得知玩具已经卖光，脸上都写满了失望，只能追着问我什么时候会再带玩具来学校。

第一批玩具的畅销给了我很大的鼓舞，第二天，我又尝试售卖几样价格稍高的商品，同样供不应求。第一天没有抢到玩具的同学，担心这一次又会与心爱的玩具失之交臂，没怎么考虑就付了钱。这让我觉得十分惊喜。

接下来的每一天，我都会认真挑选玩具到学校进行售卖。有了几次成功的经验后，我对商品的挑选和出售已经十分熟稔。同学的零花钱不多，我带去学校的玩具价格就不能太高，一般的售价都和同学们每天能拿到的零花钱持平，偶尔也可以选择一两样需要他们存几天钱才能买得到的；新玩具上架时价格可以稍高，但这样的价格并不是所有的同学都可以接受的，所以要对我的"顾客"进行分类，并且为他们挑选不同的商品；但是，我的手中一定会有一两种特别有吸引力但售价较高的玩具，它们并非用来出售，而是用来保证我在同学中的"知名度"。

我的"生意"经营得很好，同学们的零花钱几乎都进了我的口袋。隔壁班的一个小胖子，有一天将他的小猪储蓄罐带来了学校，里面装着他积攒了半年的零花钱。储蓄罐是陶瓷做的，不太精致，但长得很可爱，身体白白胖胖，脸上红扑扑的，摇起来叮当作响。小胖子当着我的面将它打碎了，从我这里买了一堆零食和一把玻璃弹珠。

（2）

五年级下学期，溜溜球在同学中流行起来，且样式非常多。除了外观上的不同，有的溜溜球中间的塑料部分还能随着球体的转动发光，从远处看就像是人的手里控制着一团光球，十分神奇。

虽然大家每天拿到的零花钱已经增加了不少，但能够拥有一枚自己的溜溜球依然是很多同学的梦想。

而对我来说，溜溜球的价值不止于它的玩具属性。有过几年兜售玩具的经验后，我已经培养出了非常强的商业敏感度，更练就了一双"火眼金睛"。当我在母亲购入的一大堆货品中看到它的第一眼，就知道它一定会成为同学们的"新宠"，因而也必然是我在那段时间首推的玩具。

但是事情却没有朝我预想的方向发展。相比于其他玩具，溜溜球的价格实在有些昂贵。当时，一枚悠悠球要卖5~10元，对大部分同学来说，这相当于他们大半个月甚至一个月的零花钱。

超市里的溜溜球卖得很好，母亲几乎隔两天就要去补进一次货，但我带去学校的溜溜球却因为大家手上的零花钱不够而"滞销"了。

为了"刺激消费"，我从自己积攒的零花钱中拿出了一部分，借给几个常常从我这里购买玩具的同学。他们已经对我手上的溜溜球眼馋了好几天，这下总算凑够钱来挑选自己想要的样式，心满意足地买走了。

一开始，我只是想要尽快将手中的溜溜球脱手，那几个同学也都是我熟识的，将钱借给他们，不会存在任何风险。渐渐地我发现，原来我的手上握着一笔其他同学都没有的"巨款"，而利用这笔钱，我不仅可以刺激同学们，让他们购买更多的玩具，还可以通过这样的方式获得更多东西。

以前我只是把所有的零花钱存起来，从未想过其他用途。这次"溜溜球滞销事件"却为我打开了一个新思路。

于是我拿出更多的零花钱来出借，并收取一定的利息。同学们向我借款的金额从 1 元到 10 元不等。而我收取的利息，也会根据借款的多少、借款期限的长短来进行调整。

时至今日，我常跟朋友笑谈，自己大概算得上是校园金融的鼻祖了。如果当时这个"生意"继续做下去，业务规模和领域不断发展扩大，说不定我现在已经是金融行业的大佬。

当然，这只是现在的一句玩笑话。我那时还只是一个学生，头脑里并不具备这样的意识。我做的所有事情带给我的最大影响就是超高的人气，这让我一度成为学校里叱咤风云的人物，也是班长的不二人选。

那些经常在我这里购买玩具，或者在囊中羞涩时接受过我"慷慨相助"的同学，都成了我忠实的拥护者。他们信任我，愿意接受我的领导。一到下课时间，我们就聚在一起玩耍。

在他们的帮助下，我的生意进行得更加如火如荼，并且形成了惊人的传播效应，为我招揽了不少校外的"客户"。为了感谢他们，我常将自己的零食和玩具拿出来，和他们一起分享。少年的友谊非常单纯，没有太多的利益牵扯，简单的玩具和零食就能紧紧维系我们这一群人的关系。最鼎盛的时候，我的身边有50多个"好兄弟"。

进入初中后，好人缘和生意依然在继续。

我就读的初中是一所寄宿制学校，大部分同学都住在学校的宿舍里，与外面的世界处于半隔绝的状态。学校有一间小卖部，但是里面绝大多数商品都比外面的超市贵，因此，每天都能回家的我马上成了学校里小有名气的人物。

叛逆少年

（1）

除了"声名远播"的生意外，让我名声大噪的还有淘气和叛逆。

和那个年纪的大多数男生一样，我在少年时期非常好动，也十分爱出风头。身体里的血液每一分每一秒都在沸腾，强烈的好胜心完全支配着我的头脑。

那时，我最爱上体育课，因为那是一个自我展现的完美时机。不管是跑步还是打球，我都力图表现得最好，吸引所有人的目光，因此也颇得体育老师的青睐。因此除了班长外，我还兼任班上的体育委员。

现在中学生的体育课程如何安排，我已不甚了解。但在那个时候，体育成绩不会计入中考总分，所以体育课对我们而言，更多代表的是一段放松的时间，而非一门必修的课程。

我的体育老师想改变这种不作为的局面，于是他常会把全班同学召集在一起，带领我们去完成新的课程项目。

但这种努力改变现状的心态却引发了一起事故。

他不知从哪里得到的启发，想要从我们这群人中选出一位跳高的选手，于是把大家聚集在一起，将手举至胸口，兴致勃勃地问我们敢不敢挑战这个高度。

一个身高超过 1.8 米的壮汉，哪怕只是胸口的高度也已经几乎到了我们头顶的位置，因此这几乎是一项不可能完成的任务。

大家的沉默让体育老师有些气馁，他顿了两秒，不甘心的目光越过众人投向我。同学们被体育老师带动，也齐刷刷地扭头看着我，似乎心里都觉得除了我之外没有人能完成这样的挑战。

同学们的眼神让我觉得非常兴奋，我站在人群中，跃跃欲试地举起手。

这个结果显然让体育老师非常满意，他冲我点点头，轻声嘱咐了几句跳高的技巧和注意事项，表情里充满信任和期待。

我的起跳非常完美，也还算轻松地越过了老师的手臂，在我落到地上的那一刻，耳边已经响起女生的惊叹声。众星捧月的感觉让我有些飘飘然，身体也变得更轻盈似的，自告奋勇地准备第二次更高难度的尝试。

这一次，体育老师将手举得更高了些，我虽然勉强够到，但是在空中就失去了平衡，落地前也没有足够的时间调整姿势，右手手腕传来的咔嚓声和突如其来的剧痛让我变得有些茫然，直到所有同学都一脸焦急地围在我身边询问时，我才意识到，我的右手手腕骨折了。

这是一场由"逞强"和"爱出风头"引发的事故，结果是我的右手腕打上了厚厚的石膏，日常的生活只能依赖左手进行。体育老师也因此受到了学校的处分。

禁锢右手的石膏并没有让生活归于"沉寂"。我开始学习用左手写字，并且出人意料地越写越好。那个学期的期末考试，我用左手考出了年级第一，引起了全校轰动。班主任在惊讶之余，将我作为标杆，大力地在家长会上进行了一番宣扬，让那些平时调皮捣蛋却没能取得好成绩的同学度过了一个无比艰难的假期。

石膏虽然没有影响我的成绩，但确实带来了诸多不便，玩具生意不得不暂停了一段时间，我趁这个空当，开辟了另一条业务线，开始倒卖饭票。

学校为了防止学生在校外吃饭时发生意外，校园在上课时间是封闭的，我们的午餐必须在学校里的食堂解决，而饭票是唯一可以在食堂里使用的票据。方便起见，家长一般都会提前将饭票买好，交给自己的孩子。

同学们对饭票用量的把握不够准确。一个学期下来，有的人手上的饭票还剩许多，有的人却在学期还没结束的时候已经开始了东借西凑的生活。我的"业务"，就是把低价收购来的饭票，用稍高的价格卖出，赚取中间的差价。这不仅帮助出售方用他们手上多余的饭票"提现"，也解了购买方的燃眉之急，因此，我的"货源"很广，找我买饭票的人也络绎不绝。

但倒卖饭票也就是一转手的事儿，占用的时间很少，我在学校闲得发慌，每天都想要逃课出去玩。但我知道，如果我敢这么做，不管出于什么理由，一定会被老师责罚。

刚好那几天，语文老师在课上讲了一个成语：法不责众。

我从中深受启发。

于是我开始有计划、有策略地怂恿同学们集体翘课。

首先要说服那些平时特别贪玩、意志力比较薄弱的同学。这些人几乎与我一拍即合，完全没费功夫就轻松搞定了。第二步则是将剩下的好学生"各个击破"。这些人或是十分热爱学习，或是不愿意触犯校规，总之在我们心里都是一些非常无趣的小顽固，平时是不屑跟他们说话的。但为了"法不责众"，这一次我们也只好想尽办法将他们拉入我们的阵营。

当时的手段现在看来实在有些令人不齿，但却非常有用。我们"威胁"说：如果不跟我们一起走，我会跟老师说这次逃课是你先出的主意；或者如果你不跟我们一起走，你就会失去你所有的朋友。

这些用来威胁好学生的话漏洞百出，根本经不起任何推敲；但由于其中的大部分由我说出，我的顽劣在当时又十分出名，所以竟然把大部分人都震慑住了。

经过我们的不懈努力，"逃课计划"顺利实施。当老师拿着课本来到门口时，看到的只是桌椅摆放整齐，却空无一人的教室。她一度以为是自己走错了教室或者记错了时间，最后，在三四位其他老师及教导主任的陪同下，她终于确认，这一整个班的同学都逃课了。

这件事在当时引起了全校的轰动，应当如何处理成了校方非常头疼的问题。教导处的老师和班主任轮流叫几个平常十分听话的同学去办公室谈话，想要找出最开始带头的人进行严惩。但是我在逃课前已经想到了他们的反应，提前做好了"应对措施"，威逼利诱所有的同学保守秘密。因此直到最后，学校也没能从学生口中得知到底是谁先带的头。

等到事情终于慢慢平息下来，我的手臂也差不多痊愈了。

我依然是那个叛逆的我。虽然在老师眼里"劣迹斑斑"，但是由于成绩一直排在前面，又敢于挑战学校的规章制度，因此在同学当中非常混得开，算得上一呼百应。

当时，古惑仔电影大红大紫。不少同学受到电影的影响，在老师眼皮子底下，或以年级或以班级为单位，或是同学中几个关系比较要好的，组成了不同的"社团"。

一开始，所有的社团活动都在地下进行，学校和老师虽然知道有些同学对古惑仔形象中毒很深，但都是些孩子气的小打小闹，一直没有进行约束。直到初一的某个社团成立。

这个社团横空出世，成立之初并未引发太多关注。社团的全部成员都是初一年级的学生，但在学校里横行霸道，从不把同年级的"竞争对手"放在眼里，反而屡次挑衅初二、初三的社团。

经过几次较量，好多社团都被这个初一社团打散了，有几个高年级的社团从前在学校里呼风唤雨，也从"社团名录"中被除名。初一社团一时名声大噪，规模也火速扩大。

初一社团的迅速扩张让当时学校里排行第一的社团感受到了危机。"第一社团"由初三的学生组成，仗着年长，规模又大，在学校里很是神气。他们本来对这个初一社团颇看不上眼，没想到在短短几天之内，初一社团的气焰愈发嚣张，原本"第一"的位置已经岌岌可危，让他们始料未及。

更让他们感到无比恼火的是，初一社团没有任何理由地再三出言不逊、寻衅闹事，让他们非常不悦，几次差点发生冲突，双方几乎到了水火不容的地步。

这些事在学生群体里广为流传，渐渐传到教导主任的耳朵里。

有过集体逃课的事件之后，学校亟须在学生中重新树立权威的形象。社团事件发生的时机刚好，责任人也非常明确，教导主任就把初一、初三两个社团的"领袖"叫到办公室，进行了深刻的思想教育，并勒令二人做出透彻的自我检讨。

于是，那天下午，作为初一社团领袖的我，和那个"第一社团"的领袖——一个初三年级的学长，在教导主任的办公室里，各写了一封长长的检讨书。

类似的事几乎每天都会发生。我也因此多次被学校点名批评。我在叫了无数次家长，却屡教不改之后，学校对我做出了开除的惩处。

决定一经下达，班主任马上通知了家长。父亲接到电话后大发雷霆，他万万没想到自己的儿子会落得被赶出校门的下场，当即也顾不上正在洽谈的重要生意，和我母亲二人匆匆忙忙赶到学校，揪住尚不知大祸临头的我，三人冲进校长办公室一顿鞠躬认错，并再三保证从此以后不会再犯，如若再犯，任凭处置。

父亲由于曾经当过老师，和校长共事过一段时间，又是校长的同学，在学校领导面前还能说上几句话。加上我虽然顽劣至极，但成绩确实非常突出。校领导经过讨论，最终收回了开除的决定。

即便如此，回家后我还是被父亲狠狠揍了一顿。从此以后，我学聪明了一些，不再大摇大摆地闯祸，而是利用每天学到的知识，来达到自己想要的结果。

初中二年级，我们开始学习电路知识，了解了怎样才能让整个电路断电。

我对这个知识点的第一次实际应用，是跑到学校的配电箱边上，在错综复杂的线路中挑出一根，剪断里面的铁丝，再将外面的绝缘层按照原来的样子用胶水固定。

完成所有工作后，我偷偷回到教室，表面上不动声色，心里却十分期盼夜幕降临。到了晚自习的时间，其他年级的教室都陆续开了灯，只有我们这一层楼陷在黑暗中。所有人都神色茫然，只有我一个人偷笑。

学校紧急派出电工师傅对电力设备进行检查，但多次筛查后仍然没有任何头绪。因此，接连好几天我们年级都没有安排晚自习，一到下午放学时间，我们年级的所有学生都背着包，在其他年级羡慕的注视下放学回家了。一直到半个月后我将那根电线的外层再次剪断，学校才找出断电的真正原因。

我想，电工师傅可能直到现在依然很好奇，为什么检查了那么多遍电线，却没能发现那一处断裂。

（2）

这些年少时的记忆一直存在于我的脑海中，我对它们的感情也极为复杂。一方面，那个年龄段经历的所有事于我而言都是十分珍贵的。回忆里所有尖锐的棱角，经过时光的打磨都会变得柔和。生命如同一条漫漫长河，当我将那一段单独截取出来，看到当时调皮、幼稚又充满童真的自己时，常常发现和我有过相同经历的人也露出了会心一笑。

但我的内心又有些忐忑，不知道如果将这段"反面教材"写下来，会不会对我的读者产生负面的影响。

思虑再三，还是决定将这些过往写在我的创业史前面。

我想，在这个世界上的某个地方，可能会有一个小男孩，他是老师眼中的"坏学生"，每天都因为调皮捣蛋被家长教训。但他的内心是丰富的，虽然披着叛逆的外衣，却也期待着有人能够发现他的渴望，为他指明方向，将他从叛逆转变成优秀。

如果这个小男孩恰巧也能看到我的故事，我想对他说：孩子，我曾经也像你一样，觉得全世界都不理解我，以为只有不断地闯祸才能得到更多的注意和关爱。但是，当我披着坚硬的盔甲，搅得世界天翻地覆之后，才明白叛逆的利刃能刺伤的只有关心自己的家人和朋友。一个人如果永远都不懂事、爱闯祸、让周围的人失望，那么他又怎么配得上别人对他付出的爱呢？

所以你应当努力去发现自己的价值，并且拼尽全力地去实现它。因为只有成为一个优秀的人，才值得让别人为你付出；只有成为一个能让别人幸福的人，才会在别人对你好的时候，觉得问心无愧。

人生就像一条河，不是笔直平坦和一帆风顺，路途中有风浪，有险滩，可以转弯改道，但不能停滞不前。

请你不要轻易虚度光阴，因为你度过的每一天，都是余生中的第一天；也请你不要轻易向世界妥协，它让你哭，你就要努力变得强大，在坚持中让自己笑。

02

坚定目标 靠近梦想

POSSIBILITY

初入社会

（1）

初中毕业以后，我没有继续上学。

其实那一年我的中考成绩非常不错，足以进入市里的任何一所重点中学。但当年十五六岁的我，身体里充斥着叛逆的血液，正是自以为是又想干一番事业的时候。我的心态有些浮躁，根本没办法静下心来继续读书。我对外面世界的向往已经到了一发不可收拾的地步，所以我不顾父母的反对，从家里拿了些钱，梦想着可以"周游世界"，开始了四处旅行。

"外面的世界很精彩，外面的世界很无奈。"齐秦的这首《外面的世界》，一下唱到了我的心底最深处，正如我这一年多的旅行，充满了精彩和无奈。

古人常说：读万卷书，不如行万里路。走的路多了，经历的坎坷多了，碰过的壁多了，人就会开始成长。一年的游历旅行，磨掉了我的很多乖张和戾气，也收敛了我的骄傲与张狂。

在一个晴空万里的日子，我结束了旅行，回到家里。

母亲看到我回家，开心得红了眼眶，一把抱住我，不停地说："回来就好，回来就好。"父亲没有说话，但我看得出来，他很高兴。

当天晚上，我和父亲像两个久别的朋友一样，坐下来喝了几杯酒。在我的印象里，那是他第一次在我面前卸下父亲坚硬的铠甲，用有些开心又有些失落的语气对我说："你长大啦。"

我的心中有些不是滋味，为我的年少轻狂而感到羞愧，为我的父母而感动。

不上学了，也不能总在家里发呆。喜欢折腾的我，又敏锐地发现了一个赚钱的生意——二手电子产品买卖。其实就是倒腾二手电子产品，低价收购再高价卖出，从中间赚个差价：我花了一些时间，到电子市场上研究那些正在出售的计算机等电子设备。研究它们的性能、配置、价格及操作体验，再从用户需求出发，研究哪些型号的设备利润高，哪些产品好卖。接着我用相对较低的价格，将一些二手设备采购回家，通过一些渠道，联系有需求的买家，然后以稍微高的价格卖给这些人，而我从中赚取一定的差价。

刚刚进入 21 世纪，计算机的成本还很难控制，所以一台全新计算机的价格，往往会让买家望而却步。那段时间我不断地对市场行情和用户需求进行"摸底"，走访了许多经销商，跟很多资深用户深度了解了行情。

我的学习能力很强，在极短的时间里，就掌握了计算机的大部分功能。从计算机术语到计算机组装，从计算机结构到计算机的使用，在当时我甚至可以算得上一个"资深人士"。

通过一段时间的学习，我产生了一种敏锐的直觉：未来一定是计算机的时代。于是我将学习来的内容，加上自己的理解，形成自己的一套理论。

当时市场上经营二手计算机的人并不多，仅存的几家做二手市场的店铺，专业程度与我相比也差距甚远。而我总能够给想要买计算机的人非常专业而中肯的意见，并向他们传递我的观念——未来一定是计算机的时代。

很快，我在这个圈子里混出了名气，越来越多想要买计算机的人，甚至是一些销售全新计算机的经销商，都来跟我学习，他们对我的专业能力十分认可。

当然，我自己也在不断地学习，不断地进步。每当买进二手计算机之后，我都会对其进行全面的修复和翻新，确保在我这里购买计算机的每一个人都觉得物有所值。因此，我出售的二手电脑，不仅从外观上看与新电脑没有太大差别，性能和质量也有很大的保障，但价格却比全新的计算机便宜很多。时间一久，我的名气与口碑一起水涨船高。很多人不仅从我这里采购电脑，用得好了，还会经常介绍身边的朋友来向我采购。

那段时间，我小赚了一笔。

（2）

就这样，我靠着二手电子产品交易赚到了一笔小钱，但对于眼前的生活却越来越迷茫，因为我所经历的一切，都和当初决定辍学时构想的未来大相径庭。

除此之外，对我当时的生活状态感到非常不满的，还有父亲。

在他眼里，我在那个年纪，既没有上学，也没有出去找一份稳定、体面的工作，而是每天在家里摆弄一些当时根本看不见未来的机械零件，是一种极度颓废的状态。虽然这样的交易确实能带来一笔稳定的收入，但这笔钱对父亲来说却不值一提。

有一天中午，父亲回到家，我依旧坐在桌子前，摆弄那些他并不能理解的电子设备。让我感到惊讶的是，他并没有暴跳如雷，更没有像往常一样对我进行批评和教育。

他只是平静地走到我面前，对我说："我不是一定反对你继续过这样的生活，你现在翅膀硬了，要是真有本事，就不要再花家里的一分钱。"

父亲留下这句话后便出了门。

那个下午，我一直坐在客厅里，但却没有再碰手上的那台电脑，而是开始认真仔细地审视自己的生活。

我一直都很崇拜父亲，在我的世界里，他不仅仅扮演着父亲的角色。他是一位优秀的教师，也是一名成功的商人。他在最困难、最孤独无援的时候也没有逃避，而是毅然扛起了生活的重担，只为让家人过上最好的生活。因此，他是我的偶像，更是我从小就想要超越的对象。我在很小的时候就立志，以后要做一份让他感到骄傲的工作。

虽然我在年幼时就已经为自己设定了清晰的人生目标，却因为一时的懈怠，时至今日仍然依靠着家里，过着安逸的生活。

我在那个无人的午后，感到十分羞臊。

第二天，我开始外出求职。

当时我所在的常州，作为近代中国民族工业的发祥地之一，是闻名全国的工业明星城市，制造业、服装业、轨道交通等产业都以惊人的速度发展着，很多工厂都在大力招收工人。我虽然年纪小，但是头脑灵活，反应敏捷，很快在常州一家机械厂找到了一份在车间流水线上加工汽车配件的工作，每个月可以得到800元的工资。

由于入职门槛很低，工友的年龄水平参差不齐，其中中年阿姨和大叔占多数，我是所有工人中年龄最小的。但从进入车间工作的第二天起，我就给自己定下了一个目标——我要当这个车间的代班长。

技工这个职业非常讲究经验和资历，想要当代班长就必须有过硬的技术实力。当时车间里有一位已经在这个岗位上工作了10余年的工友凡师傅，是公认的代班长人选。我将他视作自己最强劲的竞争对手，力图在工作效率上战胜他。

在不断寻找提高效率的方法的过程中，我发现了一个问题。

工人们每天要在车间里花费很长的时间才能完成当天的任务。流水线是匀速运转的，这意味着工人们必须一刻不停地工作，没有任何喘息的机会。因此，一天的工作下来，大家几乎都精疲力竭，回到宿舍倒头便睡，第二天再带着同样的表情，穿着同样的衣服，甚至来不及梳一梳凌乱的头发，便继续来到车间，重复前一天、前一周甚至前一个月的工作。

我对这样的状态非常不满意，但周围的工友都已经习惯了这样的节奏。对他们来说，这份工作只是一个求生的途径，只要能在月底领到薪水，他们就不会介意这个月是不是每天都过得一模一样，是否过得有意义。

对于那一点微薄的薪水，他们虽然珍视，却从未想过用努力将其变得更丰厚。他们安于现状、裹足不前，对于进步和提升没有任何渴望，这让我十分不解。

同样的，他们对于我的"野心"也感到十分惊讶。一个十七岁，没有任何工作经验的小孩子，妄图领导整个车间的工人，于他们而言是一件非常可笑的事。

但我并没有因此受挫，相反，我坚定地朝着自己定下的目标前进，仅用了别人三分之一的时间，就学会了流水线作业。

这种车间操作一旦掌握了其中的技巧，就变成一项机械式的劳动，十分枯燥无聊。耳边充斥着机器的轰鸣声，抬头看到的是一张张面无表情的脸孔，甚至连眼睛里都没有任何情绪波动。

即使每天身处这样的环境中，我对自己的外表依然严格要求，坚持每天洗澡、换衣服，并将头发梳得一丝不苟。我每天都会准备两套衣服，进入车间前，我会换上"工作服"；一天的工作结束后，我会将已经占满灰尘和油污的"工作服"脱下，换上准备好的另一套衣服，来保证自己走出车间时，永远都是干净整洁的状态。

这些行为也成了工友们口中的"笑料"。他们认为，这个小年轻不仅野心勃勃，而且非常自恋。

对于工友们的不理解，我付之一笑。从我进入工厂的那一刻起，我就知道，我跟他们一定不是同一类人。

果然，老天对于我的"特殊"给予了眷顾。一次偶然的机会，我得到了一本数控机床的使用说明，这在当时是只有工厂的最高领导才能接触到的"机密文件"。于是我立刻将这本珍贵的使用说明复印下来，一有时间就偷偷拿出来研究。

我用了一个月的时间才完全弄明白数控机床的运作原理，并将它运用到车间工作里。每次当班，我会偷偷地将机床运作速度提高，等到其他工友来换班时再将机床运作速度还原。这样，我每天只需要花别人三分之二的时间就能提前将工作完成，而且可以自己掌握休息的时间，劳逸结合地工作让我的效率提高了很多。

没过多久，我的日产出量就远远超过了那个有十几年工作经验的凡师傅。

另外，我虽然比凡师傅年轻许多，却有一个非常明显的优势——公关能力强。凡师傅的性格不算内向，但他偶尔的活泼也仅限于日常的沟通交流。其他时间，他都埋头在流水线上，与周围工友的关系只能算普通，和车间主任的交流更是贫乏。

在工厂里，车间主任是能够决定每个操作工发展前途的关键人物，但是凡师傅大概觉得自己出任代班长一事顺理成章，所以没有花太大的精力来拉近和车间主任的关系。

我与凡师傅不同。进入车间后，我第一时间掌握了车间主任的基本信息，并以我们都姓"谢"这一点作为切入口，迅速拉近了我们之间的关系。

谢主任的年纪不算太大，有时候也会和我们一起去食堂吃饭。我借着机会，主动和他聊天，有时还会从家里带些小礼物给谢主任。他刚开始推辞不要，几次之后也不再拒绝。就这样，我们很快就熟络起来。

连续半个月的日产量都超过凡师傅后，我第一次正式地向谢主任提出了想要当代班长的想法。

那天的天气稍有些热，我站在谢主任的办公室里，头顶的电风扇吱吱呀呀地转。为了显示郑重，我特意换上了干净的衣服，说话的语速不自觉地略加快了一些："谢主任，我想要当代班长，我一定可以做得很好的，请您给我一个机会！"

说完话，谢主任将我上下打量了一遍，我挺直脊背，坦然迎接他的目光。

他短暂地沉默了一阵，眼神里却没有其他工友的惊讶和诧异，反而充满了信任和欣慰，似乎早就知道我有这样的打算。过了一会儿，他笑着说："难得你这么年轻就有这样的想法和自信，这个代班长就让你当当看。"

有了谢主任的支持和肯定，工友们不再对我嗤之以鼻。我主持的会议，从最开始的喧哗吵闹变成后来的井然有序，所有人都开始接受并且听从我的领导。

但上天似乎并不想让我的人生之路走得一帆风顺。最终，我还是没能出任代班长。因为老板的亲戚"空降"到工厂，成了新的代班长。

得知这个消息的那天晚上，我失眠了。

我在黑暗中睁着眼睛，辗转反侧。一直到天边开始出现一丝亮光，我从床上坐起来，无声地走到二楼的走廊上。工厂离我家不远，晨光熹微，我甚至能看见工厂模糊的轮廓。就在那一瞬间，我突然意识到这并不是我想要的生活。

我绝不允许自己在这些充满了灰尘和嘈杂的车间里，在那种灰暗晦涩的裙带关系的斗争中度过我的一生。

我更不想再听别人的指挥，不想等待别人给自己一个看似体面的职位。

我想要的，是像我父亲那样，拥有自己的事业，拥有可以一起并肩作战、努力奋斗的伙伴，我想要创办自己的公司，我想要成为一名成功的企业家！

这个想法在我的脑海中越来越坚定，让我兴奋得无法再入睡。我像往常一样洗漱干净，穿着整洁的衣服来到工厂。周围还是那群睡眼惺忪、衣着随意的工友，我心里愈发觉得自己不属于这个地方。

工友们都感到十分诧异，他们原本以为经此打击，我的志向和野心已经被磨平了，我应该万分沮丧地出现在他们面前，接受他们的宽慰和劝解，然后和他们一样继续在平凡的岗位上，过一成不变的生活，拿寥寥无几的工资。

但我对于代班长这个岗位及周围工友的目光都不再介意。那几天我在车间里环顾四周，心中常常生出一股难以抑制的激动，因为我知道，我跟这里的其他人是不同的，我不愿意受困于这车间的一隅，我想要去追逐我的梦想。

没过几天，我就从工厂辞职了。

（3）

辞职后，因为实在不愿意问家里要创业启动资金，我又进行了新一轮的"摸底"和研究，希望能在正式开始创业前积累一些资本。

不久后，我在从外地回常州的火车上遇见了马总。

马总个子不高，但啤酒肚明显，是当时很典型的"老板模样"。而且他的声音相当洪亮，坐在座位上打电话，整个车厢都跟着震一震。

我听他的通话内容正与数控机床相关，就多留意了几分。等他挂了电话，我立刻过去与他攀谈。

在交谈中我了解到，马总是一家工厂的老板，主营业务是数控机床的销售。

他对于我在小小年纪就能懂得机床的运作程序感到十分惊讶，又觉得我在交谈中极为自信，很有自己的想法，当下便邀请我去做他的代理商，帮他销售数控机床。

代理的前期需要先学习数控编程的知识。有了之前的实践基础，我的学习速度很快，几乎在一个月内就完全掌握了参数、编程、维修、机床配件生产、零部件组装等全部内容。

接下来就是市场拓展和销售。

初出社会，我几乎没有任何资源，更不懂得如何销售。为了更好地摸清工厂对于机床的需求，以便促进销售，我选择了到潜在客户的工厂"卧底"——到他们的工厂里工作半个月到一个月的时间，了解他们的设备使用状况及工厂未来的规划，如工厂是否有扩张计划等。等到这些调查进行得差不多了，再进入下一个工厂进行新一轮的摸底。

有过车间操作的实践经验，又掌握了全套的理论知识，这些"特殊技能"让我能用不到一周的时间就在每个工厂站稳脚跟，并且凭借出色的工作能力得到工厂负责人的青睐。同时，为了获得与他们再次沟通的机会，我表现得十分谦逊，给所有负责人都留下了很好的印象。

这样的市场摸底方式在现在看来有些"笨拙"，但却帮我积累了十分丰富的资源。我借此认识了很多工厂的负责人，并和他们都保持着非常好的关系。

然而，我虽然积累了很多的人脉，也大概摸清了工厂主对机床的需求，却没能遇到一个良好的时机。时间过去了大半年，我仍然没有卖出一台设备，连马总也不再对我抱有任何期待。之前打工赚的钱已经用尽，我只能靠着朋友的接济过日子。

时间过得越久，愿意继续帮助我的朋友越少。当时，甚至有人认为我只是打着"销售机床"的幌子混日子，因而不愿意再借钱给我。

屡次碰壁及生活的窘迫，让我不得不认真思考自己到底适不适合做一名销售；但也因为这一次又一次的失败，加之贫困生活对我的羞辱，我的内心涌动着强烈的不甘心。我曾见过木讷内向的人也卖出了机床，更见过对数控编程一窍不通的人成为代理商中的佼佼者。我自认为在性格和专业知识上有绝对优势，所以不愿意放弃，更不愿意轻易认输。

终于，在经历了大半年的等待和挣扎之后，我接到了一位姓周的工厂负责人的电话。他的工厂正在计划扩张，需要更换、补充设备。

我在周总的工厂工作过一个月，从入职第二天开始就蝉联车间里的"日产冠军"，还为他解决过几个机器故障问题，因此他对我的印象非常深刻。我离职时曾向他坦言，自己到他的工厂打工，其实是为了开拓数控机床的市场。于是，这一次工厂扩张，他特意找到我，向我采购了十几台设备。

这是我代理数控机床后做成的第一笔生意，也为我积攒了人生的第一桶金。十几台数控机床的提成数额巨大，但由于款项是分批支付，所以提成也分批发放。但我却等不及拿到所有的提成，在拿到第一笔十几万元的提成后，我立即向马总请辞，准备开始实施我自己的人生计划。

靠近梦想

赚到人生中真正意义上的第一桶金，犹如一支兴奋剂，让我全身的血液都开始沸腾。

我觉得，是时候向梦想发起冲击了。

我遇到的第一个难题是，做什么。

我不想再和过去一样从事体力工作，但对其他东西却都只是一知半解，这让我万分后悔当初做了辍学的决定——如果将高中甚至大学读完，我一定会有更多选择的余地。

懊悔之余，更要紧的是尽快选定一个方向，迈出第一步。我一时无法抉择，干脆走到大街上，留意那些看起来生意火爆的店铺。

那段时间我有过很多想法：餐饮行业一直都是热门行业，服装行业在当时也发展得十分迅猛，但同时，这两个行业的竞争也非常激烈，想要在竞争中取胜，就需要很多的技巧和经验。

我"蹲守"在马路边观察了一周，终于有了一个意外的发现：除了常见的餐厅、服装店外，夜校、培训中心等机构也很受欢迎。很多人会在周末参加培训班，培养自己的专业技能。而且培训这个行业在当时的竞争不激烈，在这样空前旺盛的市场需求下，数控培训行业是一片几乎未被开发的蓝海。

就这样，我最终选择待在自己熟悉的领域，开一家数控培训中心。

培训中心开业之初，我还是公司经营的"小白"，对企业管理没有任何概念，所有的认识都停留在之前在工厂里见到的那些老板的派头，所以我煞有介事地在常州武进区的某个广场租了一间小小的办公室，正中间摆上一张老板桌。我还给自己招了一个助理，负责培训中心的行政工作。

在正式开课的第一天，几位要好的朋友特意赶来参加开业仪式，试听了我讲的第一堂课。第一次给一群人上课，心里不免有些紧张，45分钟下来，我背上的衣服都已经被汗湿了。但结果让人沮丧，所有人都表示我讲得太过晦涩难懂。

我只好根据朋友提的建议，不断地调整自己讲课的方式。刚开业那段时间上课的人不多，我却越来越享受站在讲台上的状态，享受被人瞩目的感觉。

当时，培训中心大多属于国有企业，像我这样私营还敢收费的可谓凤毛麟角。刚开业时，还有零星的学员报名，但当学员们一进教室，看到讲课的老师只是一个毛头小子，根本不会好好听课，所以我的培训中心很快连零星的学员也没有了。

残酷的现实让我感到深深的挫败，虽然我的演讲水平在一次次的调整中不断提升，但在接下来的大半年时间里，培训中心没有再招到一个学员。

我开始想各种办法来推销这个培训中心。

当时的互联网远没有现在发达，微信、微博都尚未出现，更没有五花八门的在线营销形式，纸质的单页仍然是广告宣传的主力。在没有设计师的情况下，我想办法制作了一批宣传单，到培训中心对面的广场上进行分发。

吃过晚饭后，广场上人流量极大，跳舞的、散步的或者刚好路过的人络绎不绝，我就拿着一摞宣传单页，塞给过往的人。大部分人只是瞄上一眼就将传单丢弃，只要遇见多看两眼的人，我就会马上追上去，一边尽力推荐他们到培训中心试听课程，一边陪着他们穿过整个广场，直至他们的背影消失在夜幕中。

等到晚上 10 点左右，广场上的人群散去，地上密密麻麻的都是我发的传单。而我会一直坐在广场中央喷泉的边沿上，等所有人都走完了，再把那些没有被踩脏的传单捡起来，第二天继续发给来往的人。

除此之外，我还请身边的朋友帮忙介绍学员，用所有能想到的方式，不遗余力地为培训中心做宣传。

尽管如此，光顾的人依然屈指可数。

卖机床赚到的钱，扣除办公室的租金、水电费等林林总总的花销后所剩无几。培训中心成立第 6 个月的时候，我连助理的工资都发不出来了。周围的人都劝我，趁亏损还不算太多的时候赶紧放弃。但我的心里充满不甘心，我不甘心自己就这样失败。

于是我一边向朋友借钱来维持培训中心的经营，一边反思这一年来的问题所在。

为了打消学员对于讲师的顾虑，我特意聘请了几位年龄稍长、有教学经验的讲师，并将数控编程的知识分别教给他们，由他们来给学员上课。这样一来，由于每位讲师都只掌握了一部分数控编程的知识，不用担心他们会成为我的竞争对手，对我产生威胁。另一方面，有经验的讲师会让学员产生更强的安全感，也让授课内容更容易被他们接受；让培训取得更好效果的同时，也能在学员间形成一定的口碑效应。更重要的是，我将自己从讲师的位置上抽身出来，重新定位，转而负责开拓市场、招揽客户。

一年的授课经历极大地锻炼了我的语言组织能力和逻辑思维能力，面对客户时，我变得更有自信，几乎不需要准备就可以跟客户侃侃而谈。

事实证明我的"改革"是一个正确的选择。当我将更多的精力投入市场拓展后，很快就发现了在哪里可以更快、更直接地找到培训中心的目标客户；这些渴望提升自身技术水平的人在听到我的推荐后，几乎都会抱着试一试的心态来到培训中心听课；而几位讲师在经过我的培训后，都将他们的专业技能发挥得淋漓尽致，在最大限度保证了学员的留存率。因此，培训中心的运营状况开始慢慢好转。

但我并没有满足。

我开始重新审视培训中心和这个行业、这个城市的接轨程度。

常州的乡镇工业发达，装备制造业发展尤为迅速，因此，常州的大街上工厂林立，需要大量技术过硬的职工。但当时技工的能力水平往往不能达到工厂的要求，经常造成材料浪费。

一方面，工厂找不到专业的人才来进行生产，导致材料报废率高，生产成本居高不下；另一方面，为了保证交货时间，工厂不得不聘用好几个工人来完成一名专业技工就能完成的工作，造成用人成本的飙升。

经过仔细的调研和分析，我猛然发现，工厂面临的这一系列问题，是上天赠予我的一个绝佳的机会。

于是我又一次开始拜访工厂负责人，希望能和工厂达成合作，形成一条技工输出的流水线——我负责培训课程，工厂负责学员的学费，学员毕业后直接进入工厂工作，和工厂签订劳动合同，约定3~5年内不会离职。另外，我还提供一个十分诱人的附加服务——在这期间为工厂担任技术支持，免费为工厂安排技术教学和检查。

和之前出售数控机床时到工厂"卧底"这样迂回的方式不同，这一次我选择与负责人进行面对面的沟通。

本以为有了培训中心的基础，这次的业务会开展得更加顺畅，谁知一开始的沟通却没有想象中顺利。虽然之前积累了一些优质的资源，但由于我的年纪实在太小，培训行业在当时来看又十分冷门，所以愿意与我合作的工厂很少。那段时间，我经常吃闭门羹，甚至会遭到无理的谩骂。即使有些工厂没有直接将我拒之门外，也多持观望的态度，不敢轻易与我签约。

我不愿意就这样放弃，因为我知道，在这个世界上，通往成功的路有很多条，但这些路都不会好走，所以面对工厂主的嘲笑、不解、拒绝甚至毫无理由的人身攻击，我都努力保持耐心和谦卑。哪怕第一次被关在门外，第二次我仍然会带着十分的诚意上门拜访，表达合作意愿。

有一天，我去拜访一家在当地很有声望的工厂主，他大概是50多岁的年纪，有些微胖，鼻梁上架着一副眼镜，镜架因为脸颊的宽度稍稍被撑开些。我第一次走进他的办公室时，他连头都没有抬，只是微微向上转了转眼珠，半截眼镜后透出来的目光，精明中带着不屑。在我表明来意后，他毫不客气地将我请出了门。

我已经记不清这是我在那几天第几次被人赶出门，但我很清楚，这位工厂主对我来说非常重要，因为只要能和他合作，就可以在很大程度上打消其他仍持观望态度的工厂主的顾虑。

两天后，我对他进行了第二次、第三次拜访，结果他连门都没开，直接让秘书将我"赶出去"。

最后一次去他的工厂之前，我犹豫了很久。当时的天气不算太热，但我在门外徘徊了将近半个小时，额头上沁满了汗珠。一方面，我对他是否会见我十分没有把握，担心他又像之前那样让我吃闭门羹，或者把我当成难缠的推销员赶出门外；另一方面，我又实在不愿意放弃这样一位重要客户。

在激烈的思想斗争后，我鼓足勇气，再一次敲响了他办公室的门。这一次，他终于将我迎了进去，看向我的眼神里也没有了之前的轻视和不屑，而是带着几分无可奈何。

但是，当我用 15 分钟简单讲解了自己的思路和合作能为他带来的利益后，他当即决定相信我，一口气和我签署了 3 年的合作协议。

这份合同很有带动性，我带着它，敲开了不少工厂的大门。之前将我拒之门外的工厂，态度也有所转变。紧接着，我又和 3 家工厂签订了协议。

我打造的这条技工输出流水线，输出周期仅 3 个月，用极短的时间解决了第一批与我合作的工厂面临的用工荒及材料报废率高等问题，于是，接下来愿意和我合作的工厂纷至沓来。

慢慢地，我的培训中心在常州打出了不错的口碑，"宏程"也成为当时常州培训行业一块响当当的招牌。

随着资源的积累和品牌的建立，培训中心的生意更是蒸蒸日上，为我带来了数百万元的收益。

培训中心开始盈利后，我将一部分注意力转移到自我提升中。为了让自己更加充实，也为了弥补初中之后没有继续学业的遗憾，我开始每天往返 90 公里，到常州信息学院上课，并参加了全国成人高考。出于节省时间的考虑，我买了人生中的第一辆车——比亚迪 F3。

后来，由于一些个人原因，我将培训中心转让给了别人。

我的第一次创业经历，从空白处开始，在灿烂时结束，是一次从 0 到 1 的完美经历。夜深人静时，我偶尔会想，如果当时我没有选择结束这份辉煌，而是继续把培训中心经营下去，现在会是怎样的光景。

也许我已经成了培训行业的巨头，腰缠万贯；也许我的培训中心没有太多的进步，勉强经营。

人的一生有太多的可能和未知，但我可以肯定，我的人生需要折腾，我不容许自己止步不前。哪怕我选择了一条错误的路，也不会影响我的行进速度。因为生活，本来就与速度无关，与终点无关，而是与路上遇见的风景、陪伴的人、变化的心情息息相关。

这四年里，我经历过很多的困难，听到过太多的劝阻，周围尽是等着看我笑话的眼神，而几乎没有盼我成功的期待，但我依然坚持创业。因为我坚信，有些人就是为了创业而生。唯有创业，才能让我证明自己存在的价值，才能让那些看轻我的人知道，他们错了！

庆幸的是，我在迷茫的时候重新审视了自己的生活，并且明确了自己要什么。我为自己定下一个正确的目标，这么多年没有改变，而是坚定不移、拼尽一切地去实现它，所以我在多年后回想起来，没有一丝后悔和愧疚。

为爱痴狂

2009 年，我年仅 22 岁，拥有一家发展势头强劲的数控培训中心，身价数百万。

也是在这一年的 3 月份，我认识了一个在海南电视台工作的女孩。

大概是由于工作的原因，这个姑娘非常自信、独立，看待问题见解独到。虽然我们相隔数千公里，但她身上的每一个特质都深深地吸引着我。每一次和她的交流，都会让我的心情变得十分愉悦。她的存在，给了我一种完全不同于工作的满足感。

更重要的是，她带给我的悸动，激发了我探索新世界的渴望和热情。

于是，我决定暂时放下常州的数控培训中心，只身前往海南。

儿女情长过后，要面对的是如何在海南扎根的现实问题。

与常州不同的是，海南的工业并不发达当地的支柱产业是发展十分迅猛的旅游业，因此，想要在海南安身立命，我必须重新规划自己的创业道路。

这一次，我几乎没怎么犹豫，就选择了从事餐饮行业。因为餐饮业是海南建省以来，发展最为迅速的一大产业。这里的餐饮业拥有浓厚的地域特色，又汇聚了全国各地的美食，可以说名扬四海。

培训中心不俗的业绩表现给了我很大的信心和勇气。我自认为已经十分了解创业的诀窍，只要找准时机、看准行业，没有理由会失败。

于是，没有经过任何系统的培训和学习，更没有深入地进行市场调研，我的品逸阁餐厅很快就开业了。

原本以为，海南的旅游业如此发达，政府又专门针对旅游和周边行业推出了一系列帮扶政策，餐厅只要开在人流量大的地方，又有文昌鸡、加积鸭、东山羊和和乐蟹这样极具海南特色的名菜做招牌，一定能取得成功。

然而，事实背离了我的预期。

由于没有进行深入的市场调研，我没有注意到，海南的旅游行业发展已经相当成熟，餐饮业的竞争也已经十分激烈。餐厅主要面向游客，这要求餐厅不管是菜品和外观，都必须在第一时间抓住消费者的眼球，否则就会在竞争力上逊色一筹。当然，一旦餐厅拥有其他竞争对手所没有的特色，口碑的建立就会非常迅猛，游客带来的宣传效应也是不容小觑的。

然而，当时的我对餐饮行业的钻研实在太少，对当地口味了解得也不深，不管是前厅布置，还是厨房的菜品，始终不能完全让客户满意。

除了开业那几天的门庭若市外，品逸阁的生意很快归于冷寂，接下来的日子里，餐厅都只能算惨淡经营。

为了集中精力改善餐厅的经营状况，我转让了常州的培训中心。除了想出各种促销手段来刺激消费外，我还抽出了大量的时间混迹各种社交圈子，试图利用社交资源力挽狂澜。

经过不断地积累和扩展，我结交了一群非常谈得来的朋友。他们大多是海南当地人，看多了当地餐馆的生存方式，对菜肴的口味和促销的力度拿捏得比较准确。在他们的帮忙和大力宣传下，餐厅的生意有了一些好转。

然而，缺少特色、吸引力不足等致命的问题依然存在。虽然经过多方努力，品逸阁的亏损还是越来越大。

雪上加霜的是，恋爱占去了我很大一部分精力。疲于应对女友提出的种种要求的我，始终不能全身心投入餐厅的运营中，也未能找到减少乃至扭转亏损的根本方法。因此，同年 8 月，我的餐厅也被转让了。

连续数月的大额亏损，将我的积蓄几乎用尽。

而这时，这一段懵懂又冲动的感情，也终于在无尽的争吵中画上句号。

我一下子从一个身价百万、事业有成的企业家，变成了别人眼中一无所有的创业失败者。

那一段时间，我没有办法面对周围的人，更没有办法面对自己。好几天我都不吃不睡，躺在床上。我的脑海里充斥着很多问题：我到底为什么会失败，是不是因为一开始就选错了方向？还是在经营方式上出了问题？又或者是我投入的精力不够多？这样的思考不停反复，最后盘桓在心里的只有浓浓的酸楚和不甘心。

但我内心的痛苦却不能向周围的朋友倾诉。因为我不想听到他们带着同情的安慰，更因为，我身边创业的人不多，能懂我的人更少。事情不是发生在自己身上，"感同身受"就永远难以做到。

而对于创业者而言，创业本来就是一场孤独的旅行，这一路上可能风光旖旎，也可能荆棘密布，不管最后是到达了终点，还是倒在了沿途，与我们一路相伴的，必将是无法倾诉的孤独。

03

不甘落寞　重新开始

POSSIBILITY

抓住商机

（1）

将品逸阁出让后，我回家进行了短暂的休整。虽然只有几天时间，于我而言却似乎是人生中最漫长、最难熬的日子。我在那几天里，回顾了过去几年遇到的人和事、取得的成就、遭遇的挫折……

不可否认，创业这条路走得太艰辛，两次创业我都遇到过山穷水尽、一筹莫展的情况，也曾经有过几次，我怀疑自己根本不适合走这条路。但是经历了品逸阁的失败，之前积累的财富和浮华全数褪去后，我才更清楚地看懂了自己内心的渴望，看懂了生活的本质。

生活，一半是回忆，一半是继续。这个世界上没有不老的时光，一定要趁着能折腾的时候多做一些有意义的事。毕竟生命只给了我一次上场的机会，我绝不允许自己惨淡收场。

我调整好状态，时刻准备着重新打一场漂亮的胜仗。但新的战役并不意味着草率、盲目的开始，而是一次理智、慎重的选择。

我的两次创业经历告诉我，充实的内在对于一个创业者来说至关重要。一个人的内涵往往决定了他身边的朋友、生存的环境和生活的品质。我曾经因为阅历不足而遭受工厂负责人的冷遇，又凭借不俗的谈吐获得了他们的青睐。这让我明白，用渊博的学识和丰富的经历武装起来的强大的内心，才是一位创业者在创业过程中最有力的武器。

为了提升内在，充实自我，为下一次创业做好充分的准备，我带着剩下的存款，来到莫斯科国立师范大学攻读 MBA（公共管理硕士）。

刚到莫斯科的日子特别难熬，语言不通、没有朋友，我只能将绝大部分精力放在课堂上，努力去分辨教授刚刚说了什么。

MBA 的课程并不太复杂，大部分同学都借着上课的机会积累各种资源，因此大家熟络得很快。

我的语言能力不错，在社交上也有明显的优势。当时一起上课的同学和我年龄相仿，他们得知我已经有过两次创业经历，都感到十分惊讶和好奇，于是我很快有了一群非常忠实的朋友，里面不仅有中国留学生，还有好几位俄罗斯同学。

相比这些俄罗斯同学，我在工作和学业上还能略胜一筹，但在生活和冒险这些方面，我只能自愧不如。他们的乐观和勇敢，一直深深打动着我。

莫斯科由于地理位置的关系，冬季格外漫长，几乎从每年的9月中旬就开始进入寒冷时期，到次年的5月份才会回暖。11月开始，一场场大雪降落下来，将整个城市装点成白色。真正到莫斯科感受过的人，才明白普希金的诗句"白雪铺盖着，像条华丽的地毯，在太阳下闪着光芒；晶莹的森林黑光隐耀，枞树透过冰霜射出绿色，冻结的小河晶亮。整个房间被琥珀的光辉照得发亮……"描写得十分朴实，毫无夸张成分。

下雪天有时候夹杂着雨水，落在地面的积雪上结成冰，走在上面容易滑倒。这样的天气，在国内或许大家都会选择闭门不出，嘟囔着抱怨两句天气太糟糕，但是对于莫斯科人来说，这已经是生活的必要组成部分，他们选择用一种积极的心态去对待。走在铺满白雪的公园里，随处可见出来散步的人流和兴奋呼喊着打雪仗的孩子。

年轻人不满足于欣赏城市里的雪景，常常选择更惊险、更刺激的方式去感受莫斯科的冬季——狩猎。

在18、19世纪，冬季狩猎是一项纯粹的贵族运动，只有皇室贵族和达官显贵才有资格去感受。但俄罗斯人民的身体里永远流淌着冒险的血液，冬季狩猎就作为一项传统被延续下来。我在莫斯科的一年中，也有这样一次记忆深刻、惊险刺激的体验。

我们的狩猎定在一场足足下了半个月的大雪之后，被"困"在家里十几天的年轻人个个摩拳擦掌，迫不及待地要投入大自然的怀抱。

当时去的那片原始森林的名字，现在已经记不太清了。莫斯科的绿化面积很大，似乎只要往城市的边缘走一走，就会迷失在一片郁郁葱葱的原始森林中。我只记得刚下过雪，放眼望去全是亮眼的白色，极度萧瑟又华美。

一起前往狩猎的一行人里，只有我和另外一位是中国留学生，剩下的5位都是俄罗斯人。大家的眼神里都充满了兴奋的光芒，在大雪的映衬下不停闪烁。

森林很大，外围虽然也有猎物，但数量不多。传统的冬季狩猎都有固定的地点，也有专门的马队和猎狗，一群人穿越林海，驰骋雪原，场面气势恢宏、蔚为壮观；我们虽然没有那么齐全的装备，但几位俄罗斯同学都有过狩猎的经验，出发之前也做了全面的计划，选定了狩猎的地点和行进的路线。

越远离市中心，积雪越厚。距离森林边缘还有五六公里的时候，积雪已经到达我们膝盖的位置，车子寸步难行。好在计划中待在森林里的时间不长，行李中除了食品、帐篷和防身工具之外没有累赘物品。

即便如此，每个人身上都穿着臃肿的羽绒服和军大衣，要在没膝的雪中负重前行也不是一件轻松的事。等到周围的景色终于从一望无际的白雪变成白雪覆盖下依然漆黑萧索的森林时，夜幕已经降临。

我们在一块地势较高的空地上扎营。融化的雪水将落叶都打湿了，生火变得格外困难。几个同伴只好捡来粗树枝，搭起窝棚，再将收集的落叶和枯枝不断揉搓，尽量使枯枝干燥。大概过了1个小时，我们终于生起了火。

我们架起铁锅，用枯树枝煮了满满一锅蔬菜汤。围着篝火，几位俄罗斯伙伴分享起以前在冬天随大人们到野外狩猎的经历。蔬菜汤很暖胃，大家的兴致高昂。火光下，几个生机勃勃的影子落在地上，随着火苗的起伏不断交叠舞动。

在我们的高声谈笑中，冬夜的森林显得格外安静，除了远处偶尔传来的野狼的嗥叫声，其他的生物仿佛都在这白被的覆盖下睡着了。大家互相调侃着这一次要打几只野味，回去之后又要怎样向朋友和家人炫耀。夜谈一直到深夜才结束，不知是谁靠着谁先睡着了，帐篷外的火光让人觉得格外安心，我们互相依偎着，安然度过了第一个夜晚。

第二天一早，迎接我们的是茫茫大雪。

这场雪不知从几时开始下的，已经将留在帐篷外的食物和篝火结结实实地"占为己有"。我们走出帐篷，放眼望去都是苍茫的白色，来时的路已经很难分辨。

大家面面相觑，但是没有人流露出半点害怕和慌张。昨晚的高谈阔论还在耳边，几个"天不怕地不怕"的年轻人并没有意识到当下的处境有多危险。

在我们心里，最坏的结果是什么都没有打到，空手走出森林。现存的食物还算充足，显然还未到最坏的情况。

收拾好行囊，我们沿着既定路线继续深入森林。一路上雪依然在下，大家的热情也丝毫未减。沿途经过一个适合打猎的地方，几个人心痒难耐，当即决定在这里暂时停下，小试身手。

我们将背包放在一起，用雪盖住，又在森林中间的空地上摆上吸引猎物的食物。人不能离食物太近，否则很容易暴露踪迹；

但是又不能离得太远，那样容易让猎物逃走。于是我们躲到了离空地四五米、地势稍高的雪地上，安静地等待着猎物的到来。

雪并没有停，落在我们脸上，被体温融化成水。水还没来得及滴落，又被冻成了冰。于是不一会儿，每个人脸上都结起了晶莹的冰霜。即便已经从头到脚用衣物严严实实地裹起来，在这样的天气里，依然能感觉到严寒的气息从眼睛往身体深处钻，让人格外想念屋子里的暖炉和空调。

但是，即使手脚已经冻得几乎麻木，大家依然安静地伏在雪地上，耐心地等待着。因为只要稍有动静，就会惊动这林间的猎物。它们行动尤为敏捷，只要发现异常就会马上转身逃走。

大概过了一个小时，猎物终于出现了，是一只驯鹿。这只驯鹿并不是很大，大概有半人高，头上还没有长出成年驯鹿分支繁复的角，身上的毛是灰褐色的，仅有脖子一圈是米白色。它显然已经在雪地中寻觅了一会儿，鼻子上还带着一些白色的雪花。

这只驯鹿的胆子很小，闻到我们放在空地上的食物之后，先是谨慎地看了看周围，又在外面绕了一圈，才慢慢靠近食物。在离食物很近的地方，又一步三回头地仔细观察周围的动静。

我的位置离驯鹿很近，眼看着它一步一步走入我们布置好的圈套，开始低头品尝我们放下的食物，我既紧张又兴奋，内心也跟着激动地狂跳，但我依然等待着。

等到驯鹿终于不再戒备，放心地开始"大快朵颐"时，我从雪地上一跃而起，用最快的速度瞄准，射出了一发子弹。

"砰。"

子弹射进驯鹿的脖子，它受到巨大的惊吓，惊慌地拔腿就跑，慌乱中竟然没有分辨方向，直直地朝我们飞奔过来。

驯鹿的奔跑速度极快，转眼已经来到我们眼前，如果被它撞上，即使不受伤也免不了受一些罪。但我没有犹豫，看准了驯鹿冲过来的方向奋力一扑，将驯鹿扑倒在地上。

这只驯鹿还未成年，加上刚刚被我的猎枪打中，力量不是很大，被我扑倒在地后挣扎了几下就没了力气，我们几个人齐心协力，很快就将其制服了。

这一天晚上，我们和之前一样喝了热气腾腾的蔬菜汤，还烤了白天打到的驯鹿。简单烤制的鹿肉不算十分美味，但因为这是我们打到的第一只猎物，所以大家都吃得格外高兴。

吃完晚饭，我们坐在火堆前分享起彼此的故事。按照计划，我们已经离适合狩猎的地点十分接近，很快就可以开始感受真正的疯狂和刺激，于是大家的脸上都挂着难掩的兴奋和憧憬。

意外发生在第三天。

大雪终于停了之后，领队突然发现我们并没有按照计划中的路线行进，而是在第二天下午就已经开始偏离正确道路。

雪上加霜的是，由于大家都以为这一天可以完成狩猎，所以没有预留足够的食物来应付突发状况。背囊中所剩无几的食物，最多只能勉强支撑我们走出这片森林。如果要折回正确的路线去完成打猎的计划，势必会延长我们在森林里逗留的时间。一旦出现任何计划外的状况，或者打到的猎物不够多的话，我们就会面临没有食物的风险。在严寒的天气条件下，饥饿是非常可怕的。

我们分析了眼下的处境。虽然没能完成狩猎，大家都有些沮丧，但是出于安全考虑，我们还是决定先退出森林，回到物资补给点，进行短暂休整后，再计划下一步应该怎么办。

回程的路很沉闷。为了节省体力，大家都没有说话，一路上陪伴我们的除了脚踩在雪地上沙沙的声音外，只有远处偶尔传来的狼嚎。

即使随身带着防身的武器，悠长阴森的狼嚎依然使我的后背感到阵阵凉意。就在一天前，这些嚎叫声还引发了我们兴奋的讨论，而现在，它仿佛变成了一双双透露着饥饿的绿色的眼睛，在不远处紧紧跟随着我们。

连日的疲累和神经的不断紧绷，让行进速度减慢了不少。夜幕降临，我们依然没能走出这片危机四伏的森林。此时，狼嚎已经很近了，仿佛它们已经锁定了猎物，只等着找准时机，好好享受一顿饕餮盛宴。

为了防止狼群趁我们落单时突然发动攻击，大家就近捡了一些枯枝生火，分着吃完了最后一点食物。

火堆很快熄灭了，冷冽的寒风呼啸着在林间穿行。我冻得嘴唇发紫，哆嗦着躺到几位俄罗斯同伴中间，依靠他们的体温取暖。

饥饿和寒冷像成千上万只细小、嗜血的虫子，钻进皮肉里，极轻极慢地不断磨噬着我们的神经。午夜时分，营地周围非常安静，狼嚎声似乎也被寒风吹走了。但大家都明白，这安静中很可能暗藏着血腥的、不为人知的危险。

就在我抵抗不住疲惫，就要陷入睡眠时，身边突然一空，紧接着一股强劲的冷风灌入帐篷，将好不容易积蓄的暖意吹得一干二净。

我几乎从地上跳起来，但立刻就被旁边的同伴按住。四周依然一片漆黑，朦胧中看见睡在最外侧的同伴将帐篷拉开了一条缝，帐篷外的不远处出现几盏荧光绿的"灯"，在月光下闪烁着阴森的光芒。我的额头瞬间沁出一片冷汗。

努力调整了一下呼吸，将同伴递过来防身的猎枪紧紧握在手里。再向外看，狼群比刚才又靠近了一些，其他几个帐篷中的人也已经悄悄挪到空地上，防备着周围的动静。

狼群的动作出奇地一致，同时也很谨慎。它们虽然已经将我们包围，却没有直接发起进攻。我们趁这个空当看清了狼群的数量，即使只有四五匹，依然让我的手心冒汗，几乎握不住手里的武器。

双方经历了一场诡异至极的对峙，狼群在黑暗中静静地观察，等待着进攻的时机；我们也在屏息等候，暗自考量如何才能取胜。磨人的几分钟后，领队先发制人，向离得最近的一匹狼发出第一枪。

几乎同时，狼群也发动了进攻，从不同方向一拥而上。大家有所防备，占着了先机，此刻也顾不上害怕了。我们在幽暗的月光下，来不及辨别狼群的具体位置，只大概看准了方向就疯狂地发射子弹，枪声和狼的惨叫声在森林间此起彼伏。

时至今日，回想起那个夜晚，我仍然觉得惊心动魄。一切发生得太过迅速，场面也十分混乱。我已经记不清我们几个人是如何战胜那几匹强壮的野狼的，只记得搏斗结束后，大家的脸上、身上沾满了腥臭的鲜血，两匹野狼的尸体凌乱地躺在雪地上，还在呼哧呼哧地向外吐着最后几口热气，剩下的野狼不成气候，夹着尾巴逃进了森林深处。

我们累得说不出话，握着武器的手也在微微发抖。一时间，营地上只剩下几个人气喘吁吁的声音。过了好一会儿我才反应过来，我们在这场恶斗中获胜了。再看向同伴，每个人眼里都是劫后余生的喜悦。

简单收拾了"战场"，天边已经浮起一层白光。我们将狼皮割下来，生火分食了其中一匹狼，又将剩下的那匹狼简单处理后装进背囊，继续往森林外围前进。

幸运的是，接下来的几天，我们没有再碰到狼群和其他猛兽。靠着两匹狼的肉和沿路打到的野兔，我们终于回到了物资补给点，此时，距离我们从这里出发进入森林，已经过去了整整7天时间。

回到公寓，身体真实地触碰到柔软的床铺和温暖的被窝后，紧绷的神经才终于放松下来。这一周的探险让我的体力消耗几乎到了极限，也让我的内心受到了极大的震动。

后来我参加过很多次探险，甚至成了一个十足的"探险迷"。但是，再没有任何一次探险，带给我如此大的震撼。这段九死一生的经历于我而言，更像是"天降大任"的先兆。

躺进被窝的那一刻，我想，如果我的一生都在默默无闻、碌碌无为中度过，那么我的这些精彩回忆要与谁分享，又有谁会仔细聆听？它们会在时间的冲刷下变得黯淡无光，会在生命的洪流中慢慢被遗忘。

我不明白为什么那么多人甘于平凡，有时候也会想，为什么大家都在歌颂默默无闻？

我虽然生来平凡，但我从来不甘平凡，也认定折腾才是对生命最大的尊重。不甘和渴望让我的内心变得充盈，之前所有的绝望、痛苦和迷茫，都随这段探险烟消云散了。

（2）

狩猎结束了，校园生活还在继续。

很快，我们的"丛林探险"成为一段传奇故事，在同学中流传开来，一时间使我名声大噪，成了很多派对的座上宾。

这是一个意外的收获，为我创造了很多机会去拓展新的交际圈。

参加了几次聚会后，我发现很多俄罗斯当地的年轻人都喜欢佩戴由蜜蜡制作的饰品。

蜜蜡是一种透明或半透明状的琥珀，由特殊的松柏和枫树脂经过地质变化石化而成，有着非常悠久的历史。一块蜜蜡的形成，往往需要经历千万年的磨炼。大自然的力量，赐予了蜜蜡各异的形态，为它增添了无数瑰丽的色彩，也让它的身价倍增。

自古以来，蜜蜡一直受到皇室贵族的追捧，也是皇族和宗教常用的圣物，欧洲甚至有"千年琥珀，万年蜜蜡"的说法。但是，正因为蜜蜡的特殊属性，人们对蜜蜡的认知十分有限，直到近几年，蜜蜡才渐渐揭开神秘的面纱，逐渐走入大众的视野。

由于地质原因，蜜蜡在俄罗斯还算常见，价格也不是特别昂贵，是很多俄罗斯人首选的饰品。相比较而言，蜜蜡在中国要罕见得多。一串同样的蜜蜡，在中国的售价可能是俄罗斯的两倍。

我突然觉得，幸运之门仿佛又一次为我打开了。

顾不得还在进行的热闹派对，我怀着无比激动的心情回到了自己租住的公寓。往常需要 30 分钟的路程，我连跑带走，10 分钟就到了。这 10 分钟里，我已经想好了将蜜蜡运回国内后，要以哪些优势作为销售的突破口，又将以哪些人群作为重点客户进行推广。

作为一种珍贵的装饰品，蜜蜡可以媲美黄金、玉石；但它又与普通的珠宝不同，它的神秘色彩和灵性，足以让所有珠宝爱好者争相追逐；另外，《本草纲目》中对其药用方法的记载，也能成为蜜蜡的一大卖点。综合以上优势，我相信，蜜蜡一定会成为珠宝店的新宠儿。

回到公寓后，我马上联系了一位在国内从事珠宝生意的朋友。对于我提出的倒卖蜜蜡的主意，他没有任何的犹豫和迟疑，我们一拍即合。

接下来的两个月，我们的分工十分明确：身处俄罗斯的我，每天忙于走访当地有名的蜜蜡加工厂；而身处中国的他负责搞定海关运输和国内的销售渠道。

一开始，为了测试市场反应，我没有大规模铺开供货渠道，而是经过慎重的挑选和比较，先和其中两家在业内稍有名气的蜜蜡加工厂进行接触和约谈。

有过前面几次拜访工厂的经历，这一次，我将谈判技巧发挥得淋漓尽致，和工厂的洽谈也进行得非常顺利。最终，我以低于市场价三成的优惠价格，和这两家工厂签约，确定了第一批稳定的供货商。

一个月之后，我们开始赢利了，且市场热度远远超过预期，很快就出现了供不应求的状况。好在我一开始就做好了充分准备，同时和多家工厂保持着沟通。国内一反馈"利好消息"，我马上就联系了这几家工厂的负责人，将合作事项落定，这才解了燃眉之急。

在接下来攻读MBA的两年时间里，我一直靠倒卖蜜蜡来生活。除了稳定的几家供货厂商外，每个月，我都会抽几天时间到俄罗斯各地的工厂拜访，持续不断地寻找优质货源，拓宽供货渠道。

后来，有和我一样的中国留学生开始从事倒卖蜜蜡的生意，但由于他们的供货渠道和蜜蜡成色均不如我，因此我在那一批留学生的蜜蜡生意中，一直处于"垄断"的地位。

到 2011 年毕业时，我已经靠倒卖蜜蜡赚到了几百万元。

我当即决定回到祖国，完成我之前没有实现的梦想。

重新出发

（1）

完成在莫斯科国立师范大学的学习后，我回到祖国，来到首都北京。

北京是一座很迷人的城市，有着悠久的历史和丰富的物质文化遗产。同时，作为中国的政治、经济、文化中心，北京又是中国现代化建设最完善的城市之一。

当你走在故宫、长城、老胡同里，或者站在四合院外时，仿佛能看到时光在这座古都身上仔细雕琢的痕迹；但当你流连于鳞次栉比的商业中心，或者走进每一个高新技术开发园区时，又会忘了自己此刻正身处在一座古都之中。

正是在这样一座神奇的城市，人们白天步履匆匆，拼尽全力为自己搏一片天下；晚上则想尽一切方法放松娱乐，释放压力。

我想，这座城市真正的魅力在于，即使每个人都知道他们将面临巨大的生存压力，仍有成千上万的"北漂"一族前赴后继地从全国各地赶来，投入这座城市的怀抱。它承载着无数年轻人沉甸甸的理想和抱负，也背负着这些年轻人身后，更多老人和妻儿殷切的期盼和等待。

我和这些怀揣梦想的"北漂"一样，带着满腔热血来到北京，等待机遇，渴望成功；但我又和他们不同，上百万元的创业基金和数年的创业经历，似乎让我离"成功"更近一些。

我到北京的第一步是寻找一个安身之所。我曾听说过很多北漂为了节省房租，住在已经数不上环数的郊区，每天上下班路上倒三班公交再转两趟地铁，花费好几个小时，却仍然要将收入的一半上交给房东。

庆幸的是，先前积累的人脉资源，为我避免了这种尴尬的局面——我找到一位以前创业时认识的叔叔，请他帮忙推荐性价比稍高的房子。这位叔叔是北京人，对北京城的角角落落了如指掌。我去莫斯科之前就同他关系很好，只要出差去对方的城市，必定相约一起喝酒聊天。

本来只是请叔叔帮忙推荐离市区稍微近些的房子，没想到他托关系，帮我在军区大院找了一个房间，家具齐全，而且非常干净，很适合一个人居住。

每天早上6点，大院里会有部队准点集合操练。我觉得有趣，看到他们整齐划一的动作，常常不自觉地跟在后面。没过几天，负责操练的教官也将我"收编"进他的队伍，对我进行严格训练。久而久之，整军姿、迈正步，我都能做得和真正的军人一样标准。

刚开始操练只是觉得有趣，越到后面却越觉得肃然起敬。士兵们对于军令的绝对服从和对细节的严格要求，都让我万分敬佩。于是军队的规章制度，也成了我日常生活中的行为准则。穿衣打扮、言行举止、起居时间，我都严格按照军队的标准来要求自己。渐渐地，追求完美、一丝不苟成了一种自然而然的习惯，也延续到了我的工作中。

除了基本的吃饭睡觉和早晚的操练，一天中的其余时间都被我用来进行新的市场调研和学习。基于北京特殊的生活环境，娱乐行业是当时最有深挖价值的行业之一；而我年幼时在娱乐城里耳濡目染，对会所的经营有一些了解，因此，我决定在北京开一家娱乐会所，供客户休闲放松。

这一次创业不同于在海南开餐厅，我开始得非常谨慎。从选址到装修布置，全都经过仔细的比较和考量。

几经考察，会所的地址最终选在了一个离市中心仍有一段距离，但交通十分便利的地方。这里的房租尚可接受，环境又相对安静，能让客人真正感到放松和自在。

装修上，在参考了近百种装修风格之后，我最终选定了欧式风格。因为这类风格装饰华丽、色彩浓烈而精美，更容易给人高贵、端庄的感觉。

开业前一个月，我几乎每天都泡在果蔬批发市场，了解各种食材的上市时间及每个市场的售价，并从中挑选出了价格优惠、质量又有保障的食材供应商。

2011 年 4 月，我在北京的会所——品 club 正式开始营业。开业当天，我对于每个角落的家具摆放、每天的预估成本及盈利状态需要接待的客户量，都已经了然于胸。

会所运营很快步入正轨，问题也随之而来。受到开业热度的影响，会所客流量还算可观，但大部分是一次性消费：这段时间过来的客人，多受开业优惠吸引，优惠取消后，往往就不会再光顾；另外，他们一般都有常去的娱乐会所，朋友聚会时，要改变所有人的习惯，转而让他们到品 club 这家新开的会所消费，并不是一件容易的事。

由此，我决定以"朋友圈子"作为突破口，打造一个稳定的社交圈，并有意识地向会所引流，提升客户黏性，培养一批"忠诚"用户来带动会所可持续运营。

这个社交圈，也是我在北京拓展的第一个关系网。

那段时间，我过得尤为忙碌。6：00起床参加完操练；7：30准时赶到会所；8：00之前亲自清点签收食材供应商送过来的新鲜食材；10：00之前完成会所的清扫、员工培训等营业前的准备工作，再用30分钟时间进行仔细的检查；晚上9：00之前，我会一直在会所照顾生意；9：00之后，则跟着我在北京几个为数不多的朋友，出席各种聚餐酒会。

酒会上结识的都是生意人，聚在一起免不了劝酒。这种酒不好推辞，我又有着"私心"，只好撑着头皮豪饮。有时候在酒桌上当着众人的面将满满一杯白酒一饮而尽，为了保持清醒，转身就去厕所催吐，吐完回到桌上继续喝。等到酒席散场，回到家已经是凌晨时分。

时间一长，我的酒量不断变大，足以从容应付一整晚的推杯换盏，不再需要中途离席；觥筹交错中，社交圈也在逐渐扩大，开始有一批客人将品club作为他们固定的聚会场所。

每一位"忠诚客户"的到来都格外不易，客情维护也不仅限于酒桌饭局。逢年过节，我会为每位客户准备一份充满诚意的礼物；平时他们需要帮忙的时候，我也会在第一时间给予力所能及的帮助。

除此之外，会所经营还有一个独门秘诀："要搞定客户，先搞定客户背后的女人。"

这条秘籍源自某次饭桌上的闲聊。一位客人在酒桌上说起，他每天从早忙到晚，很难抽出时间陪伴家人，得不到妻子的理解和体谅，因此非常苦恼。

没想到他的困扰引发了在座绝大多数客人的共鸣。他们几乎都是年纪约四五十岁的生意人，已经打拼出一番事业，经济条件也颇为丰裕。

然而，人前光鲜的他们，每天也需要完成比常人更多、难度更大的工作及数不完的应酬。正因如此，家人的不支持，会对他们的工作和社交造成很大的影响。甚至当他们难得有时间来会所享受一次真正的放松时，也会因为家人的猜忌和打扰而变得很不愉快。

这些被众人当作饭后闲聊的话，很快和酒桌上的其他玩笑一起，随着酒精的蒸发被抛诸脑后。但我却从这次聚会中收获很多机会和启发。

　　没过多久，我置重金托朋友从国外购买了首饰和化妆品，亲自送到客人家里，交到他们妻子的手上，并借此机会和她们进行了一次"促膝长谈"，告诉她们品 club 提供的具体服务内容只是吃饭、聚会和一些普通的娱乐项目，努力打消她们的顾虑和猜疑。

　　除此之外，隔三岔五地，我还会给她们送一些时令水果和精致美味的点心。

　　登门拜访这一招非常有效，我很快获得了她们的信任，同时也让品 club 和我一样给她们留下了一个很好的印象。从此以后，但凡她们的丈夫需要外出应酬或者放松，都会被要求去品 club。

　　有了家属的支持，来品 club 成为让客人和他们的家人都感到轻松愉快的选择，品 club 的客流量因此不断增加。

　　拥有稳定客源后，我开始尝试一些创新策略。

　　首先是造势。为了增加噱头，会所采取会员制：品 club 只面向办理了会员卡的老客户开放。新客户第一次过来，必须有老客户的陪同和推荐。

　　这个政策只试行了两周，就获得了意外的成功。它让老客户充分体验到了自己的特权——除了他们以外，能进入会所消费的只有他们带来的朋友或客户。在所有会所都刚刚起步，仍在大力开门迎客的当时，这是一个非常大胆的策略，但也在很大程度上激发了消费者的猎奇心理，引发他们进一步了解的兴趣。

当然，这并不能完全满足会所长期可持续发展的需要。会所的服务内容和质量，也必须不断进步。

在会所里，酒是不可或缺的。基于会所客户的消费能力，我请来了专业的红酒培训师，对会所的所有工作人员进行专业知识的培训，从红酒的酿制、储藏、产区、历史、口味到饮用场合、菜肴搭配及红酒的品类，系统、详尽地进行了培训。

培训结束，所有员工都对红酒 AOC 了如指掌。

AOC 即 Appellation d' Origine Controlee，是法国、瑞士传统食品的产品地理标志，是欧洲原产地命名保护(AOP)标志的一部分。

AOC 是法国红酒最高级别，产量大约占法国红酒总产量的35%。酒瓶标签标示为 Appellation+产区名，消费者从酒名就可知道是哪一产地的红酒，而所标示的产地区范围越小，代表酒的分级越高，标示地区名的红酒比标示地方名的更高级，而有村名的葡萄酒则又更高一级。如果是波尔多葡萄酒，加上酒庄名称的更为高级。除了酒庄名以外又加上 GrandCru 制分级标示的话，则属最高级的葡萄酒。

为了让品 club 的客户品尝到最高级、口感最好的葡萄酒，我挑选了数十个国外的供酒渠道，引进了国际公认的高品质红酒，再以新的包装和价格,推荐给客户。

酒香醉人,常有客人贪嘴多喝,临走时摇摇晃晃,连家住哪儿都记不清,钱包在哪儿也一并忘了。或者有打牌唱歌的客人,抽不出时间结账。为了方便客人买单,我将自己的支付宝和微信收款码打印出来,贴在每个包厢的桌上。

没想到当初为了方便顾客的举动,后来成了最热门的"移动支付"。只是当时实在欠缺互联网思维,会所的工作又太过繁杂,"移动支付"的想法只是在我的脑海中转了个弯,最终没有落地。

虽然没能在互联网领域开拓一片疆土,但品 club 的品牌越做越大,我也在行业内闯荡出了名气:到北京两年多的时间,我搬离了租住的部队大院,在北京购置了两处房产;为了接待不同的客户,我买了三辆车。更重要的是,我积累了强大的人脉资源。这张牢固、稳定的关系网,不仅为我经营会所提供了保障和支持,也让我在北京这座城市稳稳地站住了脚跟。

惨痛失败

（1）

品 club 的热度一直持续到 2013 年年中。

随着娱乐方式的日渐多元化，会所不再是消费者放松娱乐时的首选，传统会所的休闲模式也让大部分消费者感到审美疲劳。大家的娱乐方式都更趋向大众化，同时也更追求物美价廉。

2014 年，品 club 的生意一落千丈，每天的营业额从十几万元直线下滑至不到 1000 元。

在惨淡的现实和巨大的压力面前，所有人都明白，品 club 必须进行一次全面、彻底的改革。

做这个决定非常痛苦，曾经由我一砖一瓦构建起来的会所，现在又要亲手推翻。受到成本、时间等多方面因素的影响，我考虑再三，最终决定保留品 club 原本的欧式装修风格和招牌红酒，将其从一家综合性的娱乐会所，改造成被更多消费者接受和追捧的西餐厅。

即便只是稍作改动，会所装修依然耗费了 200 多万元。为保证餐厅的口碑，我斥巨资从国外请来了米其林餐厅的大厨，希望能在品 club 的基础上再次树立起一块响亮的招牌。

那段时间，会所面临着巨大的生存压力，改革的过程中也困难重重，但我依然每天保持着昂扬向上的心态，因为，我收获了自己的家庭。

妻子是我在北京的旧友，我们早在 2008 年就相识，期间一直断断续续地有联系，即使我身在莫斯科，也会定期和她联系，相互诉说近况。我来北京之后，她亲眼见证了我的成长过程。也许是我上进的态度和对梦想的执着打动了她，我们的结合非常自然。她迷恋我，而我依赖她。

我从 16 岁开始到社会上打拼，遇到的困难不计其数，但我极少在人前流露出悲伤、孤独的情绪。我一直觉得，那是软弱的人才会有的表现，而创业者，是不能软弱的。

随着在外拼搏的时间不断增加，我却愈发觉得，创业者的孤独尤为难熬。当我用最饱满、最紧绷的状态处理完一整天的工作，回到家里，期待的不是金碧辉煌的豪宅，也不是成千上万的财富，而是家人一句温柔的问候、一张温暖的笑脸和一碗热腾腾的米饭。

很多个夜晚，我从梦中惊醒，久久不能从创业的孤寂中回过神来。是妻子的陪伴，让我在猛然转醒的那一刻，不再感到战战兢兢、如履薄冰的惶恐。

妻子的存在给了我极大的慰藉，而我也竭尽所能地回馈她。

会所改造装修的事非常烦琐，常常让我焦头烂额。即使每天都忙到凌晨两三点，第二天我依然坚持早起送她上班；白天不管多忙，我都会准点到她公司门口接她下班，为此还特意定了闹钟，生怕自己迟到。

2014 年 9 月，妻子怀孕了。

从确定宝宝存在的那一天起，不管我晚上几点到家，都会亲自下厨，为妻子准备一顿可口的消夜。自己创业之前，我对做饭一窍不通，开餐厅和会所后才开始慢慢学习。妻子怀孕后，我的厨艺精进不少，妻子的嘴也被我惯坏了，每晚都等我回家，不吃我做的消夜就无法入睡。

12 月 21 日，会所装修完成，品 club 的时代正式宣告结束，全新的品逸时光西餐厅开门营业。开业仪式非常热闹，几乎所有品 club 的老客户都到场庆贺。他们都对西餐厅的未来充满信心，因为他们都觉得，我一定能带领着品 club 的所有人走出困境。

遗憾的是，这一次我没能像往常那样与他们喝酒谈天，回馈他们的信任与期待。因为开业后的第二天，我和妻子就飞往海南拍摄婚纱照。

再次回到海南，我不禁百感交集。几年前，我在海南开始了一场懵懂的爱情；也是在海南，我遭遇了人生中第一次创业失败。这个地方在我的记忆里似乎一直都没变，而我却被时间改变了太多。

为期 3 天的婚纱照拍摄结束后，我们又在海南宴请了当地的朋友。他们都是我之前结交的朋友，在海南餐厅遇到困境时帮助过我，过去了这么多年，依然与我保持着联系。

12 月 25 日，我们终于结束所有行程，回到北京。此时，西餐厅开业的热度已经完全冷却，而我也与最佳的宣传时机失之交臂。

改造后的西餐厅"品逸时光"与改造之前相比，生意有所回温。但是北京的娱乐行业已经全面发展起来，"品逸时光"在一大批西餐厅中，并没有很大的优势。开业之初就没有树立起鲜明的品牌形象，经营过程中又缺乏吸睛点，这对一家餐厅而言是非常致命的。

于是，没过多久，我决定对"品逸时光"再一次进行整顿和改革。

几次经营餐厅、会所的经验告诉我，要想在激烈的市场竞争中立于不败之地，必须有自己鲜明的特色，有这样的核心竞争力，才能保证餐厅在一众竞争品牌中脱颖而出。

经过一番调查，我注意到，主题餐厅是当下的一大趋势。国外的很多主题餐厅一经推出，马上就成了"网红品牌"。国内也有极少数地区推出了女仆餐厅，以其新颖的形式和独特的创意受到了年轻人的追捧，甚至出现排队订位的情况。

参考了国内外的成功案例，我将"品逸时光"改造成了音乐主题餐厅，每天邀请歌手驻唱。每一周，歌手的演唱都会有一个特定的主题，餐厅的菜品和菜单也会随着每周的主题进行调整。

转型和新颖的营销策略，在一定程度上缓解了餐厅的窘迫，但却没能在根本上改变餐厅面临的困境。

2015 年年初，我对餐厅进行了第三次改造。

当时，受到《来自星星的你》等大热韩剧的影响，炸鸡和烤肉在中国掀起了一股热潮。我也顺应潮流，将品逸时光改成了一家韩式餐厅。

餐厅改造耗资巨大。三次改造，不仅花光了我的全部积蓄，还让我负债累累。不少朋友劝我利用自己强大的人脉资源和出色的交际能力，寻找一位靠谱的合伙人。这样，不仅能在资金上解决我的燃眉之急，更能在运营上给我一些不同的意见和建议。

但对我来说，寻找一位合伙人，就是将餐厅的决定权拱手让给别人，这是我万万不能忍受的。创业这么多年，我不想做任何人操控下的棋子，我要做操盘手。

正是在这种想法的支配下，我几乎到了偏执的地步。曾经有朋友愿意主动为我提供一些餐厅改造上的建议，也被我直接拒绝了。当时我的脑子里只有一个想法，我要改造餐厅，要让餐厅延续会所曾经的辉煌。但我没有方向，也没有头绪。刚愎自用让我拒绝了所有善意的提醒和建议，我完全陷入了自我封闭的状态。

2015年7月，韩式餐厅最终宣告倒闭。

（2）

品club重新装修之时，我意识到，会所这样的服务行业，太容易受市场环境的影响。如果冒险将所有的"赌注"都压在一个项目上，一旦市场出现波动，企业很容易出现危机。

于是，为了防止自己因为市场波动的影响而倾家荡产，我在北京开了一家冒菜馆。

开冒菜馆的灵感，来源于我在成都旅游时的一次散步。四川的生活节奏很慢，随处可见在自家店门口支起麻将桌的餐馆。餐馆老板将麻将打得噼啪作响，偶尔从麻将桌上抬起头，看到有食客走进店里，立刻高声吆喝店里的伙计招呼客人。

川菜很辣，辣味混合着花椒的麻，一路从舌头上的味蕾抵达胃里，吃得人满头大汗、直流鼻涕。

不知怎的，走在成都不知名的小路上，看着游客坐在火锅店里酣畅淋漓地流着汗享受美味，闻着饭店里飘出的诱人香味，每一个场景，都让我想到成都人民围坐着谈天、玩笑、打麻将的悠闲时光。

这样的情景，在北京是很少见的。

冒菜馆开业后，食客果然络绎不绝。为了在北京打开更广阔的市场，我创造了不同口味的麻酱，并且将不同的酱料统一放在调料台上，食客可以根据自己的口味和喜好添加不同的调味品，制作出"私人订制"的酱料。

冒菜馆在北京打出名气后，我开始在全国范围内招募加盟商。为了控制加盟商的质量，保证品牌口碑，加盟商在正式签约之后，需要缴纳 16 万元加盟费。这对不少商家来说，是一个很高的门槛。

一开始，很多人对此并不看好。冒菜馆并没有牢固的市场根基，高昂的加盟费也让人望而却步,想要招收加盟商简直是天方夜谭。

我没有理会他们的质疑,带着我的助手跑遍了全国的市场,最终带着 10 家加盟商回到北京。到 2014 年年底,11 家冒菜馆中,只有 1 家亏损,其余 10 家都已经盈利。

(3)

2015 年对我来说,是既痛苦又快乐的一年。

冒菜馆虽然保持盈利,但是韩式餐厅的生意却毫无起色。前者的利润远不能满足后者的资金需求。为了保持经营,我只能不断借外债以填补资金漏洞。

由于生意忙碌,我没能再像之前一样,每天接送妻子、为她做消夜。甚至在她怀孕期间,我常常因为工作繁忙而不能陪伴在她左右;妻子的小腹一天天隆起,我却极少有时间去细细品味初为人父的喜悦。对此,妻子的不满逐渐升级,而我也只能怀着对她和宝宝无限的愧疚,每天强撑着处理工作上的各种事务。

时至今日,我仍然无法想象,当时妻子怀着怎样复杂的情感。她或许很期待宝宝的到来,或许也带着些许担心,不知道自己是否能做一位好母亲;我想,她大概心里也十分怨恨我不能抽出足够的时间来陪伴她和宝宝。因为,到了宝宝马上要出生的时候,我不仅不能时刻陪伴在她们左右，甚至连基本的经济保障都无法给她们了。

这让妻子彻底失去了安全感。

如果事情发生在现在，我一定会立刻放下手上的所有工作，马上回家安抚那个惊慌失措的准妈妈。但是，当时的我仍然不甘心，依然在到处借钱四处奔走，希望能够帮助韩式餐厅起死回生。

2015 年 6 月 9 日，我在朋友的再三劝说下，到北京郊区的一个山庄里参加了为期 4 天的封闭式总裁班培训。11 日凌晨，我接到了妻子的电话。

电话里，妻子的声音显得痛苦而疲惫。她哽咽着对我说："肚子好疼。"

我惊慌得几乎从床上一跃而起，一边握着电话不断安慰妻子，一边收拾东西准备连夜赶回家。

妻子虽然疼痛难忍，但为了我的安全考虑，又不愿意影响我的培训，因此还是坚持让我在课程结束后再回去。

我担心得几乎一夜没睡。第二天，我虽然还是参加了课程，但是讲师在台上讲的内容却一个字也听不进去。第一堂课下课时，我再次接到妻子的电话，告诉我她已经住进了医院。

我再也放心不下，只好在课堂上跟讲师告假，连行李也来不及收拾，就开车直奔医院。

妻子产检时，我曾经陪她去了很多次医院，对北京的大街小巷已经十分熟悉，但是那天早上，我却开错了好几个路口，急得差点在路上和其他车主起了争执。中午时分，我终于到了清华大学玉泉医院，见到了正在忍受阵痛的妻子。

一见到她，我因为紧张和忐忑而止不住颤抖的手才终于恢复正常。我强迫自己镇定下来，上前与她十指紧扣，在她的耳边不断安慰她；甚至在陪产房里，护士多次催促我离开，看着她因为疼痛和虚弱变得苍白的脸，我也没有放手。直至她被推进产房，尚未穿好无菌服的我才被医生赶了出来。

产房的门在我面前关闭，我才清晰地感受到自己的紧张。那种度秒如年、坐立难安的情绪，好几次让我差点推开产房的门闯进去，看一看我的妻子是否安好，我的宝宝是否已经平安出世。

早上5：23，天使降临了人间。

当我在产房门口，听到里面传来的嘹亮的啼哭声时，脑子里一片空白。

我的孩子已经出生了？是男孩还是女孩？他／她长什么样子？是像我，还是像妻子？很多很多的问题像凶猛的洪水，在一瞬间冲进我的大脑，也让我在那一瞬间完全无法思考。

愣了好一会儿，直到医生将妻子和女儿一起推出产房，我才终于回过神来。

面对床上虚弱的妻子，我尚能说一句"老婆辛苦了"。但当我真真切切地将女儿拥入怀中时，却什么话都说不出来。

其实我的心里准备了很多的话。我想说，女儿，爸爸不是一个称职的爸爸。你在妈妈的肚子里待了那么久，我却因为工作繁忙，一直没能做好迎接你的准备。这会儿你历经千难万险终于来到了爸爸身边，爸爸却一时慌了手脚，显得如此手足无措。

我想说，女儿，你真的是一个天使。你生来对所有人都怀着善意，所以你一点儿也没有怪罪爸爸的生疏和惊慌，而是在爸爸的怀里露出了甜美的微笑。

我想说，女儿，因为你，爸爸觉得头顶的乌云都散开了，阳光正暖洋洋地照射进来，爸爸觉得这个世界上充满了希望。

然而，我却只是抱着她，什么话都说不出口。

接下来的几天，我完全抛开了手头上的工作，安心陪伴在妻子和女儿身边。那段时间，我最喜欢做的一件事，就是躺在床上，将女儿放在我的胸口。我想让她知道，我的心脏每跳动一下，都是在跟她说"爸爸爱你"。而她似乎也很喜欢这个动作，每次都安静地躺在我的胸口，直到静静地睡着。

女儿的到来，让我真真切切地意识到家人的重要，也让我明白，我孤注一掷地将所有的精力都投入到工作中，即使已经知道自己可能选错了方向，却仍然不遗余力地去坚持一件错误的事情，在家人看来是多么的自私。

但是，我的感悟还是来得太晚了。

（4）

2015年7月，韩式餐厅最终宣布倒闭了。我再一次从一个身价千万的企业家，成了负债百万的穷光蛋。

自从第一次创业以来，大部分时间里，我都是揣着危机感逼着自己一直往前走。这世界有时候真的很残忍，它不会一直爱我，可我却一直试着多去爱它。于是不管以前经历了怎样的挫折和失败，我都能咬着牙重新站起来。

可是这一次，眼看着花费数年时间辛苦建立起来的会所及餐厅、房子、车子和所有积蓄在短短几个月之内化为乌有，我的心被一股浓密的绝望紧紧包围着。这股绝望像一只无形的手，狠狠攥住我的心脏，几乎让它停止了跳动。

就在一个月之前，我还因为女儿的到来感到万分幸福。她的出生，让我觉得自己拥有了整个世界，也让我意识到自己肩上的责任和重担。所以，我的一无所有，不仅仅是我一个人的一无所有。我的家庭、我的孩子，还有一帮跟我着一起打拼的兄弟，都因为我的"孤注一掷"而陷入了困境。

那时，我觉得世界很空，人生很迷茫。

两年以后，当我再次回想起当时的境况，依然会有"绝望后遗症"。那种在极短的时间内变得一无所有的恐慌，还是会重重击打我的心脏。

但是，当我站在时间和回忆之外，平静地回顾那段经历时，已然明白：没有经历过痛苦的人不会强大，没有流过泪水的人不会坚强。这世界是凉薄的，它时常会在你最没有防备的时候给你沉重的击打，它无时无刻不在虎视眈眈地企图击垮你。

创业是寂寞的，即使你身边有成百上千个同伴，那也仅仅意味着你肩上担负着成千上万的重量。他们能在你偶然摔倒时将你扶起，却不一定能在你身陷困境时救你于水火。只有耐得住世俗寂寞，才能守得住红尘繁华。

所以，如果没有这段"走投无路"的经历，我可能永远都无法明白创业真正需要的状态。

创业是需要机遇的。

我在莫斯科倒卖蜜蜡，在北京开会所，甚至在小学时向同学兜售零食和玩具，能够取得不错的成绩，都是因为我在当时抓住了机遇。我与生俱来的对商机的敏感，帮助我在几次创业时都能有良好的开始。

然而，抓住机遇后，要沿着正确的道路一直走下去，是一件非常困难的事。当我逐渐走入误区，并越陷越深时，却拒绝了身边所有人的帮助。这就好比现在的很多年轻创业者，他们并不知道创业的真正目的，也没有明确的方向。他们的出发点就错了，但是，当有人对他们发出善意的提醒时，他们却完全拒绝了。

有的人生来适合创业，但并不是所有人都能适应这伴随一生的折腾。因此，一旦选择了创业这条路，就不要畏惧路途中的寂寞和苦难。生命有局限性，但世界很大，要不断地去突破。

在这个过程中，你可能会遇到各种各样的阻碍，甚至你身边的家人和朋友，也会对你的努力产生怀疑。

这个时候，请你千万不要惊慌。

因为，创业需要 all in（投入一切）的状态。

即使选对了方向，如果你没有全身心地投入到这份事业中去，等待你的也极有可能是惨痛的失败。只有当你心无旁骛地去追求你的目标和理想，用尽每一分力气去折腾，生活才会给你最好的回馈。

遗憾的是，2015 年，我并没有认清这些规律。

当韩式餐厅正式宣告破产，所有的清算结束后，我才猛然发现，这两年，我不遗余力地试图拯救我的"事业"，已经欠下了上千万元的巨额债务。

即使我将所有的财产变卖，来偿还我欠下的外债，依然难以填补巨大的窟窿。我仍然背负着 380 万元的巨债。

我曾春风得意、鲜衣怒马；我曾以为我已经是一名成功的创业者，这辈子再也无须再品尝创业失败的滋味。但如今，当失败铺天盖地地向我袭来，我选择了逃避。

04

海外悟道　浴火重生

POSSIBILITY

平复心情

2015 年 8 月 25 日，飞机轰隆着飞离了首都机场。在太平洋宁静的上空，不知疲倦地飞行了 1 万多公里。我已经在飞机的座位上辗转 10 多个小时，眯起眼睛，望着窗外的蓝天。我想睡去，但心里的压抑却让我一路都未能如愿入睡。

肯尼迪机场这个全世界最大、有着超过 70 年历史的美国老牌机场，似乎在云的尽头已经隐隐可见。但我却没有一般人第一次来到纽约时所应该有的那种兴奋和激动，更没有因为即将要到达终点，或马上要开启一段异域生活而产生半点欢快与喜悦。因为我的内心一直有一个清晰的声音在不断地提醒我：此时的我并不是什么悠然自得的游客，我是近乎"落荒而逃"的失败者。

我起伏不定的内心，丝毫没有影响到飞机的平稳着陆。带着对国内一切的不甘和对女儿的强烈不舍，我在朋友圈发布了消息和定位。在消息发布成功的那一刻，我的心里还期盼着，如果国内的亲人看到，至少他们能知道我现在平安，也许他们正在牵挂我。

带着复杂难言的心情，我走出了肯尼迪机场。

我深深吸一口气，缓缓吐出，感受着来自大洋彼岸的阳光与风，任由它们从我身上掠驰而过。纽约 8 月的阳光没有想象中那么热烈，但还是些刺眼。不过这一切跟国内比较起来，也并没什么两样。

正如我的境遇。

虽然我现在身处美国，但我的未来似乎并没有什么起色，依然是一片灰暗和未知。

说实话，第一次来到纽约，除了深陷创业"大败局"中的失意与不甘之外，更多的是不安和焦虑。因为我几乎是一个一无所有的失败者，这样的处境，带给我的只有深深的无助和惶恐。

不，也许我也并非一无所有，我当时还有 380 万元的负债和一个支离破碎的家庭。在那段时间里，以前很少失眠的我，在不知多少个夜晚彷徨辗转，挣扎在梦想与现实的落差间，久久不能入睡。

每当这个时候，我总会第一时间想起吴晓波的《大败局》，这是我最喜欢的一本书，前后读过不下三遍。里面那 19 个"中国式失败"企业的经典案例，我看得滚瓜烂熟、如数家珍。从秦池酒厂、巨人集团、三株口服液，到科龙、顺驰、三九、健力宝，一个个家喻户晓、名噪一时的品牌，一位位身经百战、能力非凡的牛人，一段段耳熟能详、精彩绝伦的故事，在我脑海里曾经一遍又一遍地翻滚着，不断闪现又不断划过。

我曾经仔细研读书中所写的每段经历与经验，如饥似渴地寻找着他们成功的诀窍，吸收着他们失败的经验，警戒着他们惨痛的教训，把他们当成我创业时的镜子，一次又一次地照出自己的问题，寻找自己的方向与未来。

但我从未料想到，有一天我居然也会成为某个"败局"中的主人公，仓皇而逃。也许在未来的某一天，我这段失败的创业经历，也会出现在某本书里，成为后来人的镜子，照亮后来人的前路。

曾经我因为创业成功而意气风发，一度以为自己追求的不过就是财富和名利。然而，当我在美国经历了一次生死一线的抢劫事件后，我才顿悟：我所追求的，绝不仅仅是金钱和名望，而是真正能影响别人、真正有意义的事情。我当然知道，这注定将是一条极不好走的路；但我也知道，越不好走，才越有价值。

在美国的日子里，我不断地回忆与反思。我 16 岁便进入社会闯荡，从一无所有的穷小子，到年营业额几千万元的创业者，一路摸爬滚打、披荆斩棘，所经历的艰辛和苦难，是没经历过的人永远无法想象的。但当我达到千万身家时，并未曾因此而自傲自满，我一直以来所自豪的，是我那些非比寻常的创业经历。

对每一位创业者而言，经历远比银行卡里那一串很多零的数字更珍贵，因为这才是值得珍惜和自豪的、无法复制和取代的财富。

然而，当千万家产变成了千万负债，从"春风得意马蹄疾"顷刻间跌入昏暗无光的谷底，我的那些自豪的经历，似乎在一瞬间变得脆弱不堪，毫不留情地在眼前破碎。

如果当时的我拥有再多一点的时间，我会说，其实失败并不可怕，只要花时间去化解失败、分析失败，找出失败的原因，下一次就不会在同一个地方跌倒。但是，刚刚经历了人生中的滑铁卢，我根本没有足够的时间和精力去面对这次巨大的打击，也很难快速调整心态。

我卖掉了北京的会所，卖掉了全国范围内的几家连锁餐厅，但这些并不能偿还我全部的债务。坐上离开北京的飞机时，我还背负着 380 万元的巨债。

27 岁的我，陷入了一种前所未有的，仿佛无穷无尽的迷茫中。那是我在多年的创业生涯里从未曾有过的，带着困惑和惶恐的颓废感，仿佛世界早已变成一片灰白。面对这一片灰白，我无能为力。

我没有尝试遮挡直射向我的阳光。在那一瞬间，我已经分不清自己到底身处北京还是纽约，到底经历着酷夏还是寒冬，时间是白昼还是黑夜。在那一瞬间，这一切对我来说已经不再重要。因为对一个迷失了自己、走失了方向的创业失败者而言，这些又有什么关系呢？

我伫立在纽约繁华而陌生的街上，看着川流不息的人群和车水马龙的街道，看着迥异于北京的建筑，看着忙忙碌碌行色匆匆的路人，我迷茫无措，良久未动。恍惚间，我收到了来自杨总的信息。

杨总是我第一次到海南开餐厅时认识的一位企业家，我们两人相识的经历，有些像金庸笔下萧峰与段誉相识的情节。当时我们刚认识，仅仅简单聊了几句而已，却感觉莫名的亲切，话语间十分投缘。我们俩人一见如故，胜似多年好友。几杯薄酒下肚，已经相互引为知己，大有一种相见恨晚之感。我到北京之后，我们虽然偶尔联系，却也极少见面了。

我本来并不知道杨总身在美国，更没想过要麻烦他，谁知他看到我的微信朋友圈消息，居然第一时间给我发来消息，语气仍旧像我们之前喝酒时那样亲切、平常："到美国了？"

在百感交集中收到老友的信息，我的内心很是感动，但面对着手机屏幕却说不出话来，只是简单地回复道："是的。"

杨总的信息回复得很快："来美国了怎么也不告诉我。"

我这才知道，杨总几年前就已经来到美国，为了他的美国梦打拼。这几年他虽然在异国他乡拼搏，却没有忘记我这个国内好友。

他虽然对我在国内的境况不甚了解，但是对话间没有客气而生疏的寒暄，也没问我来纽约的缘由，而是让我尽快安顿下来，等他处理好手头的事务，就第一时间过来和我会合。

这就是知己，能在一瞬间洞悉我所说的和我未曾说出口的，似乎还听懂了我的心声。我还未言明，他便已能感受。我最终能从这次"大败局"中如此迅速地崛起，全靠杨总对我那份坚定的信任与支持，他对我的帮助，我一直铭记着，感恩于心。

虽然是第一次来到纽约，我却没有半点游览观光的心思。给杨总发完微信，心里好像终于有了点着落，人也从呆滞、迷茫的状态中稍稍回过神来。

在街上匆匆叫了一辆车，随便找了一家酒店，没有多余的废话，交钱、上楼、进入房间、放下行李，一连串动作几乎一气呵成。安顿好自己，我把酒店地址和房间号一起发给了杨总，然后一头扎进酒店柔软的床上。

躺在柔软舒适的床上，我辗转反侧，疲倦至极却无法入睡。

不记得是哪位名人说过，再了不起的人，也会经历失意和低谷。我这样安慰着自己，努力地说服自己，想让自己看起来不那么颓废和迷茫。但这些努力好像没有太大的用处。

身临深渊最深处，身边环伺着洪水猛兽，我不知道什么时候才能够从深渊中爬出来，甚至，我不知道自己还能不能爬出来。

就这样，我躺在床上，时而睡去，时而思考，时而发呆，在酒店里浑浑噩噩地度过了两天。这两天，我几乎没有进食，只喝了一点水，但我的身体已经感觉不到饥饿。

第三天一大早，我被一阵猛烈而有节奏的敲门声叫醒。当时我正梦见自己站在悬崖旁，我的心里仍然有太多的不甘，但所有人都已经离我而去，大家都站在我的身后冷冷地盯着我，我甚至在一些人的眼神中，看到了他们内心深处想让我跳入万丈深渊的渴望。

这一阵猛烈的敲门声将我从悬崖的边缘拉回了现实。

我打开门，门外站着的是赶了最早班飞机过来的杨总。他看到我，露出淡淡的微笑，如平常与好友见面般打了个招呼。我躁动而迷茫的心，因为他的微笑平静了许多。

我将杨总迎进房间，将自己在国内经历的种种事情，原原本本地说了一遍。杨总低头沉思了一阵，片刻后若有所得地抬头问我："你知道美国为什么能够成为世界第一强国吗？"

我愣了一下，没想到杨总会在这种时候忽然问我这样的问题。

杨总没有给我说出答案的时间，他紧接着就说道："美国之所以强大，因为它是个移民国家，拥有非同寻常的包容性。它不仅能包容外来的优秀人才、文化；同时也可以承载曾经的辉煌。但最重要的是，它能够包容并坦然面对过往的失败与错误。对待历史是这样，对待美国的总统也是这样，对待一切事物，这个国家都有一颗包容的心。"

说到这里，杨总停顿了一下，很认真地看着我。我心里的情绪仿佛被他缓缓牵动着，在连日的迷茫和慌张之后终于找到了一个宣泄的出口。

虽然他没有直接对我的经历发表评价，但是他说的话让我知道，他能理解我的感受。他的一席话，让我在压抑许久之后，第一次受到巨大的震动。

"Jackie，我太了解你了，你是一个自立又十分要强的人，是个天生的创业者。你的身上几乎具备了所有优秀创业者应当具备的素质和能力。你骨子里不惧怕任何困难，无论什么样的困难，都阻挡不了你的步伐，你有很多人无法企及的解决问题的智慧和勇气。但你怕失去信心，你怕迷惑不解，你怕因为失败而否定自己。有时候越是像你这样优秀的人，越难以接受自己的失败。所以当你遇到比较大的挫折时，容易变得颓废和迷茫。作为一个创业者，你的这些感受，我或多或少都能够理解一些，所以我才对你说了刚才那番话。相信我，你需要的只是时间，有了时间你一定能够创造出超过以往的成绩。

"你可以看看，那些古往今来成就一番大事的、影响了一个时代、左右了一段历史发展的伟人，他们身上真正的过人之处，并不是突出的能力，而是那种能够淡然从容，谈笑间可以容纳别人、容纳过去、容纳失败、容纳挫折甚至容纳整片天地的胸怀和气魄。如果一个人有了能够接受并勇于正视失败与挫折的胸怀，那么他的失败便不再是失败，而是通往成功的阶梯。所以，如今你需要的是包容、正视失败的胸怀，我相信凭你的才华，走出这次失败的阴影一点也不难。当你重新振作之日，定是你东山再起之时。"

说完这番话，杨总全神贯注、屏气凝神地看着我。我的心不禁有些怦怦地加速跳动起来。

我承认，杨总的这番话，深深触动了我。听了他的话，我好像捕捉到了些什么，发现了些什么，明白了些什么，但一下子又说不清楚。不过可以肯定的是，杨总的话给原本迷茫的我指明了一条未曾经历过的路，似乎将我原本已经灰白的世界，撕开了一道裂痕。阳光不断地从裂痕中照射进来，裂痕越来越大，灰白越来越少，世界有了五颜六色的色彩。

后来听杨总说起，我当时的状态犹如神佛附体，眼中隐隐间泛起了光芒，连他都被我打动了。他说那时的我如果去跟投资人谈融资，不管要融多少资金，都没有问题，因为那种认真起来的气场太有感染力了。

我对着窗外的天空，若有所思地沉默了好一会。杨总笑笑，对我说："Jackie，过去的事情暂时放一放。我们这么多年没见，这几天我们先四处逛逛，散散心。"

我也笑了笑，这是久违了的发自内心的笑容。此时的我已经预感到这一次的美国之行，一定不会平凡，必将收获满满，不虚此行。我的心底再一次生起了对杨总的感激之情。

纽约时间 2015 年 9 月 1 日，我来到美国的一周后，我跟杨总正式开启了我们的散心之旅。

与杨总结伴同游的那段时间，日子过得飞快，整个人的身心得到了一定程度的放松。我们从有"汇聚着来自世界各地的稀世珍宝的巨大艺术宝库"之称的大都会博物馆开始，走到摩天大楼林立的纽约曼哈顿正中的中央公园。我们从繁华不息、人潮涌动的世界顶级的商业中心——时代广场，走到了纽约的地标、充满传奇与故事的帝国大厦。白天游览纽约，体悟着来自美国的文化冲击；晚上与杨总畅谈，从创业聊到梦想，从过去聊到未来。

我跟杨总如此"闲散"地放空了整整一周。短短一周时间，虽然无法让人脱胎换骨，但我的心态已经有了很大的改变。尽管依旧负债累累，却早已经将颓废和迷茫埋葬在纽约的土地里。身体充满能量，精神也同样充满能量，仅仅一周时间，我已经开始摆脱"败局"的阴影了。

这大概就是我这么多年的创业经历所培养出来的"打不死的精神"，就像关汉卿所说的那粒"蒸不烂、煮不熟、捶不匾、炒不爆、响珰珰"的铜豌豆一样，又如杨总所说，我"天生就是个创业者"。于是我的内心又开始蠢蠢欲动，我需要一场成功的翻身仗，证明我自己。

我发现世间的每个人，都会经历各种各样或大或小的坎坷与磨难。逢经大难，普通人往往会自此消沉，心灰意冷；而强者，则会越挫越勇，浴火重生。

我也许尚不能算作强者，但也绝不甘心做一个意志消沉的普通人。

那段时间，几乎每天我的心境都在发生变化。我不断地分析、思考、总结，回想我这十几年的创业经历，分析我这次跌落谷底的失败缘由。每天，我对创业的理解都在一点一滴地加深，心智也进一步地成熟，逐渐从一个"毛头小子"，变成了一个"沉稳成熟的创业者"。

这种变化让我欣喜，正如杨总所言，曾经经历过的一切，无论是成功或是失败，都不再重要，因为那些经历已经成为通往未来之路的阶梯，成为助我前行的经验。

放空、放下，调整身心。在经历了创业"败局"之后，在纽约那段短暂的"闲散"时间里，让我顿悟了一些道理。

当我们身处"败局"之中，不要想着抱怨，调整好心态才能走出迷茫与颓废的状态。

若视"败局"为洪水猛兽，谈之色变，把失败当成不堪回首的往事，绝口不提，那么你可能永远都会活在"败局"的阴影与人生的低谷里，再也爬不起来。

如果能够正视"败局"，把"败局"当作一种收获与财富，是对未来创业路上的一种试错的经验，那么"败局"将是你人生路上最珍贵的积累。而且，正视"败局"，人也会变得轻松快乐很多。

"败局"是可怕的梦魇，还是成功的积淀，关键在于我们看待"败局"的心态。

而更关键的是，当我们经历过"败局"的洗礼，要及时总结经验与心得。

如果说"败局"是创业路上的一座宝山，那么"败局"的经验和心得就是宝山里的"财宝"。在创业的路上，明明已经历尽千辛万苦，找到了宝山，面对触手可得的"财宝"，难道要无动于衷？既然入了宝山，岂有空手而回的道理？

对创业的"败局"来一场全面深度的复盘，既能对过往的自己有一个全新的了解和认识，又能够获得创业之路上的一笔巨额"财富"。

所以，如果真的经历了创业的"败局"，千万不要犹豫、不要害怕，更不要踌躇止步，而应当勇敢地前行。

7月，家庭破裂，会所倒闭，宣布破产，欠债1890万元；8月，我变卖了车子、餐厅还债后，还欠有380万元外债，无奈离开北京。初到纽约时，我陷入了困惑和迷茫，一度颓废彷徨，踌躇不前。

而我的人生何其幸运！我遇到了生命中的重要贵人——杨总。是他的出现和帮助，让我迅速清醒，及时解开疑惑。如果没有杨总，我可能会在"败局"中徘徊更长的时间。而我终于在纽约的9月阳光里，渐渐平复了曾经一度迷茫困惑的心。

短短两个月，我经历了很多人一生都不曾经历过的跌宕与转折；短短两个月，我完成了破而后立，完成了心境上的淡然与成长。

平复了心情，走出了"败局"。这次的"败局"让我受益匪浅，让我完成了又一次华丽的蜕变。

浴火重生

位于美国东北部的纽约，紧邻着浩瀚宽广的大西洋，因有着来自大西洋的滋润，纽约雨水丰沛、四季分明，气候十分宜人。尤其到了 9 月，平均二十三四摄氏度的气温，配上明媚却不强烈的阳光，与清爽又不凛冽的海风，让生活在纽约的每个人都感到格外舒适。

时光荏苒，这两个月时间里的起起落落，好似一场电影，还没来得及细细品味，就已经将要散场离去。从梦中醒来，杨总已经陪我在纽约周边逛了近一周的时间。

2015 年 9 月 8 日，吃过晚饭后，我跟杨总在中央公园里散步。微微的风轻轻拂过我跟杨总的指尖与脸庞，背着纽约夕阳的余晖，看着脚下被拉得老长的影子，悠然地徐徐前行。

这份难得的闲适中，带着些久违的宁静，一种狂风骤雨席卷天地之前万籁俱寂的那种宁静。

当时的我怎么也不会想到，这天晚上与杨总的聊天，将成为我从败局中崛起的关键转折点！也许，即使当时我有些感觉，也不敢想象，崛起的机会来得如此之迅速、如此之猛烈。

"接下来有什么打算？"

杨总没有停下前进的脚步，也没有回头，只是这样淡淡地问我。

他问得有些突然，但我并没有惊愕或者不知所措。接下来有什么打算？这个问题我已经不知道问过自己多少次了！在很长一段时间里，这个问题简直是我清醒时的梦魇，一直在我的脑海中不断翻滚盘旋，闪烁着无法退去。我曾思考过无数次，得出过无数种结论。杨总此时问起，我不意外，也不惊愕，也早已经有了答案。

"我想找个餐厅去工作。"

这是我在内心深处不知道思量了多久，早已得出的最适合我目前情况的答案。其实在当时的环境下，我可以做的选择并不是很多。债台高筑，没有资金去创业，生存的环境又给了我巨大的压力，寻找一条出路刻不容缓。

我初到纽约，除了杨总，基本没有其他可以借力的人脉和资源。没钱、没人脉、没资源，仿佛又回到了我创业之初的境况。那么，我还能怎么办？只能选择一个擅长的领域，去发挥我的优势，先稳定下来，有个安身立命的场所，才能寻找东山再起的机会。

杨总见我如此快速而决绝地回答了这个问题，深深看了我一眼。知我如杨总，也许他早就知道，我对于这个问题已经有了很认真的思考。但是，他知道我刚刚经历失败，又是在餐饮行业摔得头破血流，因此听到我快速而果决地回答想去餐厅工作时，还是有些意外和震惊。

"为什么会选择干餐饮？"杨总沉默了一小会儿，还是开口问道。

"你知道的，我曾在餐饮行业里，前前后后摸爬滚打了六七年。有过失败的教训，也有过很多成功的经验。可以说，我对餐饮界了如指掌，甚至我有信心，只要我干餐饮，就一定能赚钱。当年我创业刚起步的时候，就在餐饮行业试过水，也就是当时在海南开的餐厅。虽然那次创业以失败告终，但我从那时开始，积累了很多的经验。后来，我在全国开的冒菜连锁品牌也发展得非常不错。

"我曾经深深地扎根到餐饮这个行业里，逐渐有了属于我的经验和对这个行业的理解，我称它为我的感悟，或属于我的一些东西。从厨师到服务员、从收银到经理，我对餐饮的各个环节、各个岗位的关键和门道，都有一套自己的理念。

"我将自己在实践中获得的这些零散细碎的东西，归纳整理成一套我自己的经营餐饮的理论体系。我的这套体系从4大层面来深度剖析解决经营一家餐厅最核心的3大问题。4大层面包括餐厅整体的管理运营、前厅管理、后厨管理、采购管理等；解决的3大核心问题是餐厅经营成本问题、提升餐厅营业额及销量问题、客人体验问题。"

在那之后过了很久，当我深度接触并了解了互联网行业之后，我才意识到我是更适合互联网行业的。因为我在当时还完全不了解互联网企业的产品和逻辑的时候，所总结的经营餐厅的理论体系，就已经带有浓厚的互联网思维了。当然，当年的我并没有意识到这些，我只是沉浸在我自己的理论体系里，在杨总面前侃侃而谈，似乎早已经忘了时间和空间。

"我的这套理论体系，或者说叫经验总结，能够切实地解决餐饮行业里一些经营上的问题，是具有高度实操性的，能够帮助餐厅快速实现盈利。比如采购，我对时蔬价格变动了如指掌，什么时候土豆涨价，什么时候白菜清仓，什么季节番茄热销，什么时令青菜大卖等，我都熟悉得不能再熟悉了。哪怕是到了美国、身处纽约，只要给我一点点的时间，马上就能了解清楚这里的情况。如果能够把这些经验加以利用，并且运用得当，就可以帮助餐厅节省一大笔开支成本。根据不同季节和时令，及时合理地调整菜色搭配，在节省成本的同时，也能吸引更多客人，提高餐厅的营业额。

"我的这套经验理论还远不止如此。再比如说后厨，一家餐厅的后厨，里面的学问和门道多到你无法想象！比如，一家餐厅有什么样的规模，需要几位掌勺大厨，几位大厨之间又应该如何分工协调管理？后厨的锅碗瓢盆等一系列炊具要如何摆放才能够更有效地利用后厨空间，提高空间利用率和工作效率？厨房里的柴米油盐酱醋茶等一系列食材和调料如何摆放能提高工作效率？这些都是大量实践经验积累而成的套路和方法。我再举个非常实用的小例子，就说食材的边角料，如果是你来开餐厅，你会如何处理？"

说到这里，我看了一眼杨总，发现杨总听得正入神，一脸严肃地看着我。我怕他没有深度接触过餐饮行业，对边角料的理解不准确，便进一步解释道："边角料就是做一道菜需要的食材剩余的部分，也是食材，但又无法做成菜端上桌。比如你做一份排骨，要选取品相好的小肋净排，那么剩下一些品相不好的大骨或小碎材料怎么处理？几乎绝大多数餐厅都把这部分扔掉了，这样不仅浪费了食物，而且无形中提高了餐厅的运营成本。"

"那么这些边角料食材要怎么处理呢？"杨总好奇地问到。

我轻轻笑了笑，我想我当时的笑容，一定是充满自信的，因而很有感染力。笑完我接着说道："处理的办法非常简单，可以用边角料做员工餐呀！其实边角料做成菜跟食材主体做成菜的味道没差别，只是因为品相不好，或者因为小、碎不能做成一道菜来给餐厅的客人们吃，就被丢弃掉了。但是对员工餐而言，只要味道好并且健康卫生就足够了，对菜的外观品相并没有太多的要求。所以用边角料做员工餐，再合适不过了。这样不仅更高效地利用了食材，降低了餐厅的成本，同时也改善了员工们的伙食，增加了员工的归属感。一举多得，皆大欢喜的结果，何乐而不为呢！"

杨总听到这里，一边大笑我"会过日子"，一边不停赞叹我的机智。

"餐饮的门道还远远不止这些。"没等杨总笑完，我接着说道："比如餐厅前厅。服务团队如何搭建；餐厅怎么样去布局，会让客人感觉舒服。再比如餐厅的管理和经营，餐厅如何选址，如何控制水电费，哪些细节能够节约控制成本；如何开分店，如何让分店迅速盈利。经营餐厅的门道真是太多了，各个环节，每个细节，都可能影响甚至决定餐厅能否赚钱和能够赚到多少钱。"

我已经记不清我这一番侃侃而谈，到底说了多久。也许是几分钟，也许是 1 小时。依稀只记得当时滔滔不绝的我，意气风发，充满了自信与能量，好像体内燃烧着无数个小宇宙，光芒万丈，让围观的人都不能直视。我越说越精神，越说越深入，旁若无人，口若悬河。杨总在一旁听着，表情也越来越认真。

"既然你有这么多的好想法，有如此丰富的实战经验，为什么不自己开一间餐厅呢？"

杨总的无心一问，却让我心中有苦无法尽言。我只好无奈地苦笑一下，接着答道："我的情况你还不了解吗？如今我早已一无所有，欠着一身外债，根本没钱开餐厅。"

说到这里，我不禁又想起万里之外的北京。那里有我深爱过的前妻，有让我魂牵梦萦的聪明可爱的女儿，还有几百万元冷冰冰的外债。每每想到这些，我心中便如打翻了五味瓶，酸甜苦辣咸各种滋味，混杂难辨，只盼着能一口吞下，早早了却了这百感交集。

杨总似乎感觉到了我的异样，我相信他也能理解我的执着与痛苦。我们谁也没再说什么，各自沉默了一会儿，静静地在广场上走着。

万里无云的天空，星星已经早早挂在上面，安静地闪烁着点点微芒，似乎在跟谁述说着心中的小秘密。两人原本拉得极长的影子也渐渐有些模糊，看得不真切也不清楚，取而代之的是一片昏暗与漆黑。

"还想创业吗？"我正在胡思乱想，杨总忽然停下脚步，抬起头，凝神看着我问道。

我回望着杨总，轻轻呼出一口气，坚定地说道："我只能被打败，却永远不可能被打倒。打败的是我的人，打不倒的是我的精神和我的心。这就是顽强又执着的我，正像你所说的那样，我是一个'天生的创业者'。"

听到我的答案，杨总会心一笑，没有再说什么，我们继续徐徐前行。

夜已经有些深了，街上原本熙熙攘攘的人群，也渐渐消散了。也许是回家了，也许是开始了已经期待了一整天的夜生活。

纽约9月的夜晚有些凉意，阵阵微风吹过，不如刚才那样舒服。有那么一刹那，我有些恍惚，好似又回到北京，正走在去看女儿的路上。等缓过神来，月已高悬，天上的星星越发明亮了。我跟着杨总，迎着月光朝着酒店的方向走去。

新的开始

第二天，天还没亮，一阵犹如闷雷般的敲门声将我从睡梦中震醒。

杨总穿戴整齐，一本正经地站在门口，微笑着跟我打招呼。

"Jackie，赶紧起床，我们要出发了。"

"今天兴致这么高涨，要去什么特别的地方吗？"将杨总请进屋里，我一边拉开窗帘，一边随口问道。今天的天气果然跟我所预料的一样，是个艳阳天。这样的天气对于多雨的纽约来说，确实难得。我的心情莫名地好了起来，这是一个好的预兆，是一个好的开始。

最近一段时间，杨总几乎每天都会拉着我，在各处不停地观光。

纽约周边，差不多已经被我们两人逛了大半。很少见到杨总如此一大早来敲门，更少见他兴致如此高涨，好像闻到了鱼腥味的猫，圆睁的炯炯有神的眼睛里，充满了藏不住的兴奋和期待，好像有什么开心的事情要发生一般。

洗漱完毕，穿戴整齐，我跟杨总一起出发，开始了今天的旅程。当时的我并没有意识到，这一天的旅程非同寻常，因为，这是我人生的一次全新开端。

本以为是跟杨总出来逛街，没想到居然真的是逛"街"。我跟杨总两个人，开着临时租来的车子，在纽约各个街道上转。杨总的眼睛盯着街道上的各色店铺。每隔一会儿，他就会像发现了新大陆一般，匆忙停车，拉着我一起走进人家店里聊天。

我的英语水平还不错，日常交流完全没有问题。在一边听了杨总跟各个店铺主人的聊天内容，我才恍然大悟，杨总今天出来，是想找一个合适的店铺。

我的心里有些感动。因为我知道，杨总一定是因为听了我昨天的一番侃侃而谈，所以才萌生了要干餐饮、开餐厅的想法。当时我想，凭我跟杨总的关系及他对我能力的了解，我一定能谋个不错的岗位。可现实的发展超出了剧本，也大大地超出了我的预期。意外和惊喜总是来得如此突然，又如此猛烈。

奔波了一天，除了收获一身的疲惫与困倦，除了了解了纽约的餐饮行业行情之外，没有其他进展。杨总想找家不错的店面的想法暂时落空了。

傍晚回到酒店，我们俩谁也没有心情吃东西，草草应付了一下，就各自回房间休息。第二天一早，跟昨天一模一样的画面再次上演。我和杨总每天都在重复着找餐厅、了解纽约餐饮行业、分析市场、吃饭睡觉这几件事儿，不断循环，周而复始，就这样又过了三天。

2015 年 9 月 12 日，幸运女神眷顾了我和杨总。

这天下午，我跟杨总来到了曼哈顿大街，发现这里有一家不错的餐厅，于是赶紧停车、进店，开始与店主天南海北地聊。

这是一家中国餐厅，餐厅面积不小，有 200 多平方米的样子。位置不错，街上人流量看起来也比较大；店里环境很好，看得出来主人在精心经营。

这家店是由一位台湾大叔跟他的女儿一起经营的，已经经营了几年时间。但最近，女儿要结婚了，他们没有足够多的时间和精力来经营店铺。大叔年纪也大了，想卖了餐厅赚一笔钱，可以让自己好好休息一下，含饴弄孙，颐养天年。很巧，我跟杨总就在这个时候来了。

我们两人对这家店都比较满意，经过简单商议，便决定盘下这家店。台湾大叔为人厚道朴实，又因同为华人，不仅没有漫天要价，甚至还给我们打了个折扣。

最终，杨总以 200 万元人民币的价格，盘下了这家餐厅。整个过程干净利落，没有丝毫拖泥带水，几天时间就完成了所有手续。

签好合同，交接办理完成，拿着转让合同，我跟杨总心里都长出了一口气。他走到我面前，对我说道："这家店交给你了，以后要好好对待它。"

他一边说着，一边将一张银行卡塞到我的手里。

"这里还有张卡，里面有 20 万美元，你拿着用吧，就当餐厅的启动资金。我相信你的能力，一定能够东山再起的。Jackie，我不会看错你，你就是天生的创业者，是应该翱翔在苍穹之上的雄鹰。不要因为资金而束缚了你的翅膀，去吧，去展翅飞翔，去天际翱翔吧。"

杨总说得情真意切，让我有些震惊，而我更没有想到他居然将餐厅完全交给我来经营，心里升起浓烈的感激和感动。那一刻我有千言万语，却不知道从何说起，只是愣愣地看着杨总。

杨总读懂了我的眼神，笑着拍拍我的肩膀，没有多说什么。

我的拳头紧紧握起，我知道这次杨总对我的无条件信任和支持，是一次非常难得的宝贵机会。我要抓住这次机会，要对得起杨总的信任，我要东山再起！

第二天，杨总飞回洛杉矶了，将这里的一切都交给了我。随着杨总的离去，我的生活也进入了快节奏的正轨。我没有时间感动、感慨，因为有太多的事情等着我去完成。

对于经营餐厅，我没有对杨总吹牛，确实信心十足。如今有了充足的资金，有了这么好的机会，没有任何理由干不好。

于是我放开手脚，将之前的餐厅简单地装修了一下，又招了几位厨师和服务员。我还沿用了之前自己开的餐厅的名字——品逸阁。完成这一切，前前后后只用了不到一周的时间，位于曼哈顿大街 1162 号的品逸阁就正式开始营业了。

这间承载了杨总对我的信任、寄予了我平地崛起的希望的餐厅，未来将会如何，我充满了无尽的期待。

破而后立

古人说万事开头难，我很认可这个道理。我觉得在异国他乡，没有背景、没有团队，一个人艰苦创业，是所有创业中最为不易的。

好在有杨总的 20 万美元，我还不至于到举步维艰的地步。而且，我毕竟有那么多年餐饮和创业的经验，所以无论是大方向上的宏观把控，还是细致的精细化管理运营方面，我都有一些独到的见解。

所以，这一切的困难，还难不倒我。

在那段时间里，我几乎每天不到 6 点就起床，第一个到达餐厅；亲自带队选购食材，就是为了能够节省一些开支，能够让餐厅早日实现盈利；我也一定是最后一个离开餐厅的人，晚上 12 点餐厅结束营业，结算完一天的收支情况，我到家时大多已经深夜一两点了。甚至很多时候，因为工作得太晚，我就在餐厅里住下，还能节省来回路上的时间，可以多睡一会儿。

每天只睡 5 个小时，马不停蹄地忙碌，我的日子过得非常充实而且快乐，从没有丝毫的怨言。越是困难、越有挑战，我越是干劲十足，而且我的心里，还有着时刻催促我的动力。

我的付出没有白费，努力也得到了回报。看着餐厅营业额一天一天地增长，看着每天的收支一点一点由负变正，我的心里充满了兴奋和欣慰。

我证明了自己，也没有辜负杨总对我的信任。

从第 4 个月开始，品逸阁的账面收支流水终于全面为正，餐厅开始盈利了！这几乎是我经营餐饮以来，盈利最迅速的一家店！

2015 年 12 月 10 日，餐厅盈利的第一天，深夜 12 点我拨通了杨总的电话。

"杨总，我们的餐厅今天开始盈利了！"

杨总没有因为半夜被吵醒而产生半点的烦躁与不耐，听到这个消息，他也很兴奋，一下子来了精神。

"是吗？这么快！我觉得自己已经很高估你了，但你还是出乎了我的意料。Jackie，你太厉害了。"

"身上背着几百万的外债，还要对得起你的信任，我敢有片刻懈怠吗？"

杨总开心地大笑，兴奋地问道："快跟我说说详细情况，让我好好佩服你一下。"

我跟杨总聊起了经营餐厅的情况,杨总有些震惊于我的"玩命"精神,更惊叹于我的经营战略。那一晚,我们聊了很多,聊到了很晚。

餐厅开始盈利，我深刻地感觉到，自己身上紧扣着的大锁悄然解开了一把。那种如释重负的轻松感让我感受到了久违的舒畅。从这一刻起，我就已经预感到，距离还清外债、重返北京的日子，不会远了。

那一夜，我开心到彻夜无眠。

没有经历过的人根本无法想象，在那短短的不到 90 天的日子里，我承受着怎样的压力。除了每晚睡前，拿着照片思念一下远在万里之外的女儿，其他所有的时间，我全部的精力和一切的心思都放在了经营餐厅上。那段时间，我的整个生活中再也没有其他的事情，只有经营好餐厅这一件事情。

后来，当我在阅读《阿里创业军团》等书籍时才知道，这就是阿里人所谓的 all in 的状态。我所有的生活就是工作，唯一的信念就是把餐厅经营好，我相信我当时 all in 的状态，不比任何一个阿里人差。

而我的状态，来自于我清楚地知道，我还有几百万债务要还。我要把我所欠的，那些曾经相信我，如今天天催着我要钱的朋友的债，用最快的速度还清；我有明确的欲望，我接下来的目标只有一个，就是赚钱；更重要的是，我要回国看我的女儿，我要成为她的榜样和骄傲！

每当我累到想放弃时，就会看看女儿的照片，照片里如天使一般的可爱笑脸，让我疲惫到快要破碎的心，几乎在一瞬间愈合。又想到巨额的外债和实现梦想、早日回国的希望，快要融化的心在下一瞬间又坚硬如铁。

我的心就在不断融化又坚硬的过程中，越来越坚定、越来越决绝，无论多么困难，都能够咬牙挺过来。

我想，这就是为什么杨总说我是"天生的创业者"的原因吧。每当遇到困难和挑战时，我总能找到战斗下去的勇气和理由，并且能够承受住超越极限的压力和困难。我的字典里，从来没有"放弃"和"妥协"这两个词，刻入我骨髓的自强与骄傲，让我绝不甘心认输或失败。

想到当时那段没日没夜、废寝忘食、以身作则、亲力亲为地经营餐厅的日子，又想到解开枷锁时那种欢愉畅快的心情，个中滋味，无法用语言或文字描绘表达。当时，我有一种经过了一个冬天的休养，终于在春暖花开的时候破茧成蝶，飞翔天地的感觉。

海阔凭鱼跃，天高任鸟飞。没错，我就是那条可以尽情在海洋里翻跃的鱼；我就是那只可以恣意在天空中翱翔的鸟。

更让我开心的是，这3个月辛苦奋战，让我收获了更多更宝贵的财富，那就是人脉。

在经营餐厅的3个月时间里，我认识了一大批了不起的华人。他们当中，有些人来自香港，有些人来自台湾，有些人来自福建；有些人深藏不露，低调谦逊，实则能力让人叹为观止；有些人已经功成名就，身家过亿；有些人学富四海，聪慧过人，却没有丝毫的骄傲狂妄；有些人虚怀若谷，气度非凡，待人接物尽显大家风范。他们当中，有些是来美国的"第一代"，有些是"一代半"，有些是"第二代"。他们可能性格迥异，但他们有一个共同特点——都很了不起。

在美国打拼的华人分三类，即"第一代华人""一代半华人""第二代华人"。

"第一代华人"是指当年那些为了实现自己的美国梦，不远万里来到美国独自奋斗，通过持之以恒的努力打拼出一片天地的人。这一代人大多已经不年轻，能最终扎根美国的，都获得了一定的成功，实现了美国梦。所以"第一代华人"具有典型的特点：能吃苦，愿意拼搏，任劳任怨。虽然定居美国，但他们的骨子里流淌着的，是地道的华人文化、华人思想、华人精神。

"一代半华人"是指在国内受过一部分教育，之后跟家人一同移民到美国或者高中、大学在美国留学，最终选择留下来的这一部分华人。所以"一代半华人"的特点是既受过中国文化的熏陶，又吸收了美国教育带来的文化和理念，综合了中西文化所长。当"一代半华人"融合中国的文化及思想和美国的价值与理念时，往往会在中西文化碰撞的过程中，迸发出巨大的能量，产生无穷的创造力。所以"一代半华人"是美国华人圈里的中坚力量，是名副其实的潜力股。

"第二代华人"是指在美国出生、在美国成长的华人。因为在美国出生、在美国读书、在美国成长，所以这一代人除了还拥有黄色的皮肤和东方的面孔之外，所有的精神内核，包括思想、文化、价值观、理念、喜好、性格等，都已完完全全是地道的美国产物，他们大多认为自己是地道的美国人。这就是我们所谓的"香蕉人"——外表还是黄色的，内在却全是白色的。

见贤思齐是一种完全不受我思维控制的本能，看到优秀的人，就会忍不住想要认识一下。尤其是这些早年来到美国打拼的第一代华人，他们来到美国，通过努力与奋斗实现了自己的美国梦，我内心对这样的人充满敬仰，有一种想要跟他们深度交流、相互学习的冲动。于是，我开始努力进入他们的圈子。

中国人从古至今都有独特的"圈子文化"，比如现今开口必言的"阿里系""腾讯系""百度系"和"浙大系"便是如此，这些是目前互联网行业里，最有代表性的几个大圈子。圈子文化在海外华人的世界里，同样非常重要。这些了不起的华人也有他们自己的圈子，那是真正的美国一流水准的上层圈子。

我决定要进入他们的圈子，这对我而言，并不算太难。

当年在国内开会所时，几乎每天，我都要游走在形形色色的人群中。这样的经历极大地磨炼了我的社交能力，让我擅长与各行各业、各种性格、各种爱好的人打交道。只要我想，就没有交不下来的朋友，也没有处理不好的关系。所以我敢说，只要我想要进入到纽约的华人圈，绝不会太过困难。

而且，我还有一项天然优势——开餐厅能够轻松接触到形形色色的人。于是，我开始有意识地结交新朋友。从完全陌生到渐渐熟悉，从礼貌性地交谈到成为无话不说的好友，从只认识几位到只有几位不认识。我就是这样，一点一点地进入他们的圈子里，而这个过程只用了不到 3 个月的时间。

这个圈子里有很多我敬佩的人，其中有一位叫Michael的华人，特别了不起，令我格外敬佩。在我混迹美国华人圈的日子里，他给我留下了非常深刻的印象。

Michael是个典型的"第一代华人"。他早年间来到美国，从一无所有开始打拼，靠自己的勤劳和努力白手起家。

经过几十年的打拼，他从一无所有，到可以养家糊口，再到实现中产，再到小有身家，最后到如今获得财富自由。这几十年里，他经历了太多的无奈、辛酸、委屈、痛苦，其中的艰辛与滋味，恐怕只有他自己才能懂得。所以在Michael的身上，总有一种泰山崩于前而面不改色的从容气度。

我一直觉得，Michael是一个极富传奇色彩的人，他的身上一定有非常丰富、精彩的宝藏值得我们去挖掘，但他极少向我们提起。如今他已经拥有了自己的别墅，还经常带我们去参观他的酒庄，品尝他收藏的珍贵美酒。

事业如此成功的Michael，为人却非常低调，而且极有涵养。从外表来看，他的吃穿用戴跟普通人没什么两样，但他的思想、阅历、内涵、见识，随便哪一个都让我们望尘莫及。谦逊且随和，深藏功与名，这是Michael成为我最敬佩、最敬仰的美国华人的重要原因。

有一次，Michael 带着几位华人圈里的朋友来到我的餐厅。Michael 之前已经带他们来餐厅光顾了很多次，所以我对 Michael 和他的这几位朋友早就十分熟悉，每次他们来吃饭，我都会去敬上几杯酒。

在中国浩瀚博大的文化中，有一种传承了几千年、独树一帜又极其浓厚的酒桌文化。上至王公贵胄，下到贩夫走卒，谁都离不开饮食和美酒，所以酒桌文化融合了中国传统中的多种文化，堪称是大社会中的一个小缩影。

比如请客吃饭时，不同的客人分别要点什么菜，点几荤几素、几冷几热、几道主菜几份点心等，这是酒桌文化里所包含的美食文化；再比如，酒桌上最离不开的就是酒了，喝什么酒、用什么杯子、配什么菜，单单是酒的味与香，就可以说上一天，这是酒桌文化里所包含的酒文化；一起请客吃饭，对座位非常讲究，哪怕到了今天，酒桌上仍然会分主位、主宾、主陪等各种座位，这是酒桌文化里传承了几千年的礼仪文化。还有由各种各样丰富多彩的敬酒词、祝酒令构成的语言文化；古时的射覆与如今的划拳，这些酒桌上调节气氛的小游戏，又构成了酒桌上的娱乐文化等。可以说，中国酒桌上包含的文化不胜枚举。那些脍炙人口的经典的诗词中，有很大一部分出自酒桌之上。

我在国内开会所时，就已经深谙此道。在纽约的餐厅步入正轨后，我更是发觉酒桌文化有其独特的魅力。刚认识的朋友，相互之间不熟悉，吃一顿饭，喝一点酒，在酒精的刺激作用下，能够非常快速地打破彼此间的隔阂，甚至能够抛弃身份、地位等诸多束缚，在酒桌上打成一片。我当初跟 Michael 和他的这些朋友们，都是这样认识，然后慢慢培养出来的感情。

所以这一次 Michael 他们来了，按照惯例，我过去敬上一杯。不过这一次，他们却是有备而来。喝完酒之后，竟拉着不让我走，几人轮番上阵，要给我介绍女朋友。

我的情况，Michael 也略知一二。他知道我在纽约一直是单身一人，生活起居没有人帮忙打理。热情的 Michael 之前也说过想给我介绍一个女朋友，但我一心只想把餐厅迅速做大，所以就婉拒了。

这次不知道是巧合，还是 Michael 对我的一番好意，故意撮合了这一次饭局。但是此时此刻的我，除了想要工作，真的无暇分心。一方面，我想要在美国打拼出一点成绩，证明自己；另一方面，身后背负着的数百万巨债，时刻鞭策着我不断前行。

Michael 和他的朋友们劝说了一阵，看我不是害羞和谦让，是真的没有这方面的打算和心思，这才作罢。虽然是放我离去了，但自此之后，这几位朋友养成了一个习惯，一遇到合适的女孩子就来给我撮合。

被 Michael 和他的朋友们亲切热情地"关心"了几次之后，我也可以从容应对了，既不会拂了他们的面子，也能婉拒他们的好意。

闲下来，我也在不断地反思。极具事业心和责任心，是我的优势，也是我能够把别人做不到的事情做好的一个重要基础。但有时候，过重的事业心和责任心，容易让我深陷在工作中，而忽略了我原本的生活和身边的人。

我想，这大概就是杨总所说的"天生的创业者"的命运吧，创业者都是孤独的人。

2016 年 1 月初，我在纽约开餐厅已经差不多 5 个月了。这 5 个月对我而言，具有非比寻常的巨大意义。在这 5 个月里，我再一次用努力和实力证明了，只要我想做，不论任何事，都一定可以做好；在这 5 个月里，我让"品逸阁"完成了从零到盈利的完美突破。在餐饮界，只用 4 个月就实现盈利并不是一件容易的事，我做得非常辛苦；在这 5 个月里，我不断努力，已经成功进入了纽约的华人社交圈。

要知道，创业初期，在项目还没有进入正轨、实现盈利的这段时间里，拥有属于自己的时间，对创业者而言是莫大的奢侈！

只有将所有时间和精力都投入进去，才有可能成功。因此，直到餐厅开始盈利，我才终于慢慢开始解放。渐渐地，我有了属于自己、可以自由支配的业余时间。

那段岁月里，我几乎将我所有的来之不易的业余时间，全部投入到纽约华人圈的社交活动中去。射击、射箭、高尔夫、狩猎等，华人圈里的诸多活动，让我体验到了我之前 20 多年的生命里，从未体验过的经历。毕竟在国内，如射击和狩猎这样的活动并不多见。所以当我在美国参加狩猎时，便觉得兴奋异常。虽然有过在莫斯科狩猎的经验，但是当我真正和纽约华人圈的这些成功人士站在一起，参加美国的狩猎时，心底里的感受和之前截然不同。

美国的法律与国情，跟中国相比大不一样，尤其是在枪支管制和狩猎方面。因为美国野生动物数量庞大，有时候还会破坏田地，所以美国对狩猎是相对鼓励的，但对狩猎不同动物，有极其严格的时间要求和操作规范。在开始打猎之前，还需要进行一段时间的基础技能培训。

在中国，枪绝对是稀罕物。这次狩猎可以使用枪，无疑让我兴奋了好一阵，毕竟每个男人都有过一个拿枪的梦。

狩猎之前需要系统地学习枪支使用的方法，还有野外狩猎的基本生存技能。对于枪的学习，包括枪支的历史、性能、瞄准、上膛、射击等项目，非常系统而翔实。除此之外，想要打猎必须先申请狩猎证。狩猎证的办理需要经过培训，并且通过了考试才能够获得。一般来说，狩猎培训的内容除了包括上述的关于枪支安全的内容外，还包括一些打猎的技巧、野生动物的认知与辨别、打猎的相关规则等。

办理好了狩猎证，还要申请猎物许可证。像我这种第一次在美国打猎的人，只能申请到狩猎一些小型动物，如野鸡、兔子之类的许可证。但是，即使是小型动物的许可证，也让我兴奋了好久。

万事俱备，只欠东风，我跟着几位华人圈里的资深猎人来到纽约的狩猎场，带着强烈的兴奋和激动，开始了两天一夜的封闭狩猎。整个狩猎的过程紧张刺激，这是一种之前完全无法想象的体验，让我热血沸腾。

当我瞄准猎物，毫不犹豫地扣动扳机，听到子弹划破天空发出的干净利落的声响时，内心里那个"持枪狩猎"的英雄梦仿佛已经实现了。狩猎结束后，我的收获颇丰，连和我一起参加狩猎的几位华人也不禁对我连声赞叹。他们都对我"几乎没有狩猎经验，却能有如此的命中率"而感到惊讶不已。

而这次狩猎，连同我混迹纽约华人圈，乃至我在美国度过的时光带给我的，都不仅仅是几句赞美。美国跟中国相比，在文化上存在很大的差异。中国是全世界历史与文化积淀最深厚的民族之一，内敛、含蓄又懂得节制。可以说，这是一个非常难得的，有着极强的组织纪律性的民族。而美国作为一个移民国家，有着无比开放的思想和文化。在我看来，几乎在每一位美国人的身上，都有特别浓厚的英雄主义情怀；好像西部世界里的牛仔，放荡不羁，无拘无束，又充满正义感。

在美国那段时间里，中西两种文化不断在我的思想中交织、碰撞、粉碎，又融合到一起，不仅丰富了我的阅历，更开阔了我的思路和视野。后来我回国创业时，每当面对错综复杂的问题，总有不拘一格而又独树一帜的见解，与在美国时经历了文化与思想的碰撞，也有很大关系。在美国的一年给了我极大的自信，而我的自信，来源于我的"脑洞"。从这个角度来看，因为我的"败局"，让我远赴美国，反而因祸得福，收获了一笔非常难能可贵的思想财富。

在美国这段丰富精彩的时光，就在经营餐厅和参加华人圈的社交活动之中，悄悄流逝。餐厅的盈利逐步提升，越来越红火。一转眼，时间到了 2016 年 2 月。这是对我来说有些痛苦难熬，有些孤单寂寞，有些想念远方的 2 月，因为这个 2 月，到了中国的农历新年。

作为一家华人餐厅，我们当然不会错过农历新年这样重要的节日。品逸阁在丙申猴年春节这段时间推出了年夜饭活动，受到了纽约华人朋友们的一致好评。所有到餐厅品尝过年夜饭的华人都说，仿佛尝到了家乡的味道。

这是我第一次在美国过年，纽约华人街的年味，似乎并不比国内弱，到处张灯结彩，舞龙舞狮，洋溢着喜庆欢乐的气氛。杨总多次打电话来，让我跟他一起过年，但我拒绝了。因为，这第一次在美国过的春节，让我心中升起了一阵阵的思念，几乎刺穿了我内心最柔软的部分。

我想念我的女儿。

王维诗曰："独在异乡为异客，每逢佳节倍思亲。"这首诗，让我在与女儿远隔着一个太平洋、独自过年时，真正体会到那种喷涌而出、跃然纸上的强烈的穿透力，几乎一瞬间将我的所有的坚强摧毁。

这种无限思亲的感觉，是我在女儿出生之前从未有过的感受。我至今未跟人说起过，那段时间，连坚强如铁人一般、永远不知退缩、不知屈服、不知放弃的我，也曾因为太过想念女儿，一个人在夜里默默流泪。

再坚强的人也有柔弱的一面，在我的小天使面前，我没有丝毫防御能力。

那段时间，我每天看着女儿的照片入睡；第二天醒来时，枕边的泪痕尚未完全干透。有时候看着女儿的照片，会莫名其妙地发笑，甚至不知道自己在笑什么，笑着笑着就睡着了。

那段时间，我就像着了魔一样，不，也许从女儿出生时开始，我便已经着了魔，对我这位"前世的小情人"，爱得欲罢不能。我的女儿快一岁了，她如今是胖了还是瘦了，有没有生病，长了几颗小牙，是不是开始咿呀咿呀地学习说话了，是不是可以满地爬了？好想捏捏她肉肉的小手，亲亲她粉嫩嫩的小脸！可是，这些全都是不可能的奢望。

有几次，我甚至已经翻出前妻的微信，忍不住将手滑到"视频通话"的按钮处。只要轻轻地按一下，就可以见到女儿了。

但每一次，我都在最后关头选择了放弃。

我有些惶恐，我还没有给我的前妻和女儿一个交代的能力，我不想因为自己给她们的生活带去麻烦。我要努力赚钱，赚够了还债的钱我就回国，给那些曾经如此信任我，愿意借钱给我的朋友们一个交代，然后光明正大地去看看我那朝思暮想的"前世的小情人"。

春节期间，品逸阁的年夜饭大卖，狠狠赚了一笔。这是第一次，餐厅的大赚并没有让我开心雀跃，因为我的内心，已经被我对女儿的思念所填满。

生死边缘

转眼过完年，一切又恢复如常。经过了半年多的发展，品逸阁已经在纽约华人圈，建立了不小的知名度和美誉度。这让我无比欣慰，毕竟付出了这么多的努力，也算有了回报。

2016 年 2 月 15 日，正月初八，我接到杨总的电话，他想在洛杉矶开一间品逸阁的分店。

我没有丝毫犹豫，只在电话里说了声"好"。挂了电话，我立刻开始订机票，第一时间飞往洛杉矶。果决和迅速的程度，一如当年我初到纽约时，杨总对我那样一般无二。

其实在我的心底，对杨总一直有一股浓烈却又不知如何报答的感激之情。在我最失意落魄的时候，是杨总无条件地相信我，不仅带我走出阴影，而且帮助我开了餐厅，给我一个东山再起的机会，这份恩情我始终铭记于心。作为一个至情至性、敢爱敢恨的男人，我时刻都在寻找机会，希望能够报答杨总。我对自己暗暗说道："只要杨总需要帮忙，我一定赴汤蹈火，不遗余力。"知恩图报，是我立世为人的最重要的原则之一。

第二天一早，坐了五个半小时的飞机，我抵达了洛杉矶。

洛杉矶跟纽约大不相同。不同于与纽约的常年多雨，洛杉矶一年四季阳光明媚，极难遇到如纽约那样阴雨绵绵的天气。洛杉矶与纽约的生活节奏、人们的穿着打扮也有很大的不同。纽约是个高速运转的城市，交通更便利，而生活在纽约的人，生活节奏更快，穿着更职业化。洛杉矶则完全不同，作为一个常年阳光明媚的城市，生活在这里的人也特别阳光、自然、热情、开朗，到处弥漫着一股暖意。

来到洛杉矶，我虽然有游览参观的心情，却没有游览参观的时间。我跟杨总一起，迅速投入到开分店的大计中去。因为在纽约已经成功开过一间店，所以，在洛杉矶开分店要相对简单很多。于是，我把这次开店的重点，放在速度上。

在我来到洛杉矶之前，杨总已经拟定了几个备选店面，我们两人一起，将最终的选址敲定下来。

确定了地址后，接下来是装潢。我跟杨总分工合作，从装修到购买桌椅，从招募员工到购置器具，从采购食材到宣传餐厅，这一整套流程有如行云流水般一气呵成，前前后后只用了不到两周的时间，比纽约的餐厅开业还要快上几天。因为纽约餐厅的模式和经营十分成功，所以洛杉矶分店几乎是照着纽约餐厅的模式，一模一样地复制过来，经营模式也跟纽约餐厅完全相同。

洛杉矶餐厅的建设与发展非常高效，又井井有条。半个月后，餐厅已经开始运营。为了让洛杉矶餐厅也能够迅速实现盈利，前期的经营需要我亲自来把控。所以我跟杨总商定，在洛杉矶餐厅开业运营的前 3 个月时间里，我会多抽一些时间，来洛杉矶帮忙管理。

就这样，我又开始了没日没夜的忙碌。那几个月里，我几乎每周都要在纽约与洛杉矶之间往返两三个来回。最多的一周，我有超过 30 个小时是在飞机上度过的。

我的性格里，有喜欢甚至享受高强度的工作的一面。压力根本难不倒我，反而让我兴奋。我喜欢挑战，喜欢把事情做到最好。所以对于洛杉矶的餐厅，虽然是照搬纽约餐厅的模板并且有杨总的帮忙，我依然投入了非常多的精力，想让它更快速地运转起来。

也许是因为有了纽约餐厅的经验，这一次的经营更加精细化。

在控制成本和吸引流量方面，这一次做得更加成功。结果出乎我跟杨总的预料，洛杉矶餐厅在 5 月初就实现了盈利，比纽约的餐厅还要快几天！

更难得的是，我并没有因为忙着洛杉矶餐厅的事情，影响到纽约餐厅的生意。纽约餐厅营业额还在不断地稳步上涨，两家店都已经步入正轨，充满了旺盛的生命力。

这一次，杨总亲自参与了洛杉矶餐厅从无到有，再到一步一步实现盈利的整个过程，他被我惊人的工作效率和近乎疯狂的工作态度深深地震惊了。用杨总的话说："我已经对你有了很高的期待，但没想到，你的能力居然远远超过了我的期待。Jackie，你就是天生的创业者。"

美国这片土壤，无疑是喜欢挑战的创业者的最佳乐园。我带着数百万的巨额外债和迷茫的心情来到这里，仅仅过了大半年的时间，便取得了很多人要奋斗几年甚至十几年的成绩。"东山再起"也不再是一句充满豪情壮志的口号，而是随时可能兑现的诺言。

杨总曾说，美国如同一片熊熊火海，有能力的人总能够浴火重生。我想我已经被点燃，重新找回了方向与斗志，完成了一次创业上的浴火重生。

万万没想到的是，没过多久，我却经历了另一次徘徊在生死边缘的浴火重生。那一把火，更加炙热，灼烧的是我的灵魂。

那晚，天空中下着雨，滴滴答答，淅淅沥沥。临近午夜，雨渐渐停了，露出有些朦胧的月光。跟往常一样的时间，我离开了餐厅，跟往常一样走上了回家的路。

我在离餐厅不到两公里的地方租了一个房子，大多时候喜欢走路回家。走在夜晚寂静无人的路上，能够缓解一天快节奏工作所带来的紧张感，也可以享受一下纽约这座世界大都市里少有的宁静。

回家的路上要穿过一条 500 米的小巷，不知是谁家的捣蛋鬼这么顽皮，将小巷里的路灯都弄坏了，巷子笼罩在漆黑的阴影中。

虽然没有路灯，月色也有些昏暗，但这条小巷我走过不下百次，早已熟悉得不能再熟悉了。我轻车熟路地在里面穿行，还有大约300 米就可以到达出口。出了巷子，再转一个弯就到我的住处了。

已经深夜 1 点多了，白天热闹的街道，如今仿佛闭眼熟睡的巨龙，任何人也唤不醒它。周围房子的灯早已熄了，忙碌了一天的主人们，此刻也已经进入甜美的梦乡，这让原本就昏暗的小巷更显昏暗。

带着蒙蒙雾气的月光，难以照亮前行的路，肉眼看不清方向，我不知道自己该往哪儿走，只是凭着直觉和经验，在这条小巷里穿行。我一直觉得，这种穿行小巷的感觉，跟创业的感觉有些类似。

嗒嗒嗒，身后一片漆黑的阴影里，忽然传出一阵阵皮鞋与地面撞击的声音。这个声音与我的鞋子发出的声音交织在一起，但两种声音明显格格不入，好似互不相容。

这个时间，这条小巷基本不会有行人路过，身后的人是谁？隔着几米的距离，我似乎就已经感觉到了对方身上散发出来的"不怀好意"。我加快了脚步，距离出口只剩200米了。

嗒嗒嗒……随着我的脚步加快，身后的嗒嗒声也快了起来。仿佛要跟上我的速度，似乎又想避开我的节奏。

应该还有150米，小巷的出口就在不远处。身后的嗒嗒声似乎也意识到了这个问题，节奏变得急促起来，很快就将我们的距离缩短了不少。我已经意识到一些不好的事情正在发生。我要跑！这个念头刚从脑中闪过，一个硬邦邦的东西顶住了我的后脑，紧接着，我听见咔嗒一声。

我知道，那是子弹上膛的声音。后面的人似乎故意把上膛的声音放给我听，好像在告诉我：你的命现在捏在我手上，一扣扳机我就能爆了你的头，要了你的命。

我的心脏猛烈紧缩，扑通扑通地快要从喉咙中跳出来。血液似乎一瞬间涌上大脑，脑海中一阵阵眩晕。心中的紧张已经变成恐惧，手心有些发黏。

到美国后，我一心投入在餐厅的运营上。虽然在与人闲聊时，也曾听说过美国的枪击案、持枪抢劫案等新闻，却从来没有想过，在这个全世界最发达的国家，在它光鲜亮丽的背后，这些残忍、血腥的阴暗面会出现在我身边，甚至笼罩在我的身上！

此刻，当我的后脑勺顶着一把枪，我的心里只剩一个感觉：我的生命，好像已经不再属于我，而是属于站在我身后的那位端着枪、不知道是男是女的陌生人手里。

头被枪口狠狠地顶了一下，我从胡思乱想和无限恐惧的状态中清醒了一些。后脑勺冰冷、坚硬的触感提醒着我眼下的危险情况，我强迫自己冷静下来，想着应该如何逃离这条小巷。

冰冷的、毫无感情的声音从背后传来："Money or died."

与此同时，一个30厘米见方的袋子从我的身后递过来。

后脑勺的枪口丝毫没有移动，我的心跳再次剧烈跳动起来。我该怎么办？我现在应该做什么？

逃跑？甩开他冲出这条巷子？可能在没有逃出去之前，我已经倒在了枪口下。

反抗？我能够在他开枪之前夺过他的手枪吗？我能拼得过他吗？恐怕是以卵击石，还是会死在他的枪下。

妥协？妥协可能是我现在的处境下最好的选择。为了我尚未实现的梦想，为了早日见到我的女儿，为了偿还我所欠下的外债，为了那些曾经信任我、现在依然信任我的人。

生死之间，我的思维反而变得格外活跃而冷静，几秒钟的时间就把前因后果分析通透。最后，我理智地选择了妥协。放下了骄傲、强忍着在爆发边缘的想要反抗的冲动，我在全身上下翻找个遍，拿出仅有的 600 美元，放到他手中的袋子里。

面前的袋子轻轻晃动了一下，身后的人似乎在掂量我放进袋子里的现金的数量。很显然，这些钱还无法让他满意。

"I want more!"冰冷的声音再次响起。他离我很近，说话间潮湿的气息几乎贴着我的后脑，仿佛一条吐着信子的毒蛇，让我感到恐惧又厌恶。

尽管如此，我很清楚地知道，如果我表现得不够镇定，无论是过于害怕，还是试图反抗，都可能会让他扣动扳机。因此，我努力让自己的声音不要颤抖，轻声说："That's all I have!"

身边响起嗒嗒声，顶住我后脑勺的枪绕着我的脑袋转了四分之一圈，来到我的太阳穴，身后的人也走到我的侧面。

在微弱的月光下，我用眼角的余光看到，一个差不多跟我同样高，却健硕无比的黑人男子正拿枪指着我。我看不清他的面貌，却能感受到他脸上的阴狠和无情。

他看到我手上戴着的手表，似乎有些不满意我刚刚没有主动将手表取下，于是又用枪口狠狠顶了顶我的脑袋，将手中的袋子靠近我的左手："Take off your fucking watch!"

我的太阳穴被枪口顶得"突突"直跳，屈辱感、恐惧感混杂交织。我的双手握紧了又放松，鼻端甚至能闻到血腥的味道，转瞬又被一阵酸涩代替。

不知为何，那一刻，我突然想起了两千年前忍受胯下之辱的韩信。

我也曾一度不理解，在那个坚守"士可杀不可辱"，把名誉看得比性命还要重要百倍的时代，虽然已经家道中落，但毕竟是贵族出身的韩信，为什么可以忍受这等奇耻大辱？

2016 年 5 月 17 日，对我而言，这一天是一个值得永远铭记的日子。这一天，当我被人用枪指着头的那一刻，我突然明白了韩信屈辱背后的执着与他心中的那一团火。

韩信并非怕死，不敢与屠夫硬拼。而是因为在他心中，有着比名誉重要万倍的东西，那就是希望与梦想。

韩信饱读兵书，梦想自己能够学以致用，驰骋沙场。所以为了心底最深处、最柔软的那个希望与梦想，韩信忍过来了。事实证明他的忍辱负重没有白费，韩信凭借自己的军事才华，帮助刘邦一统天下，奠定了汉朝的万里江山。

在我懂得了韩信的那刻，我也懂得了我自己。懂得了我脑中翻涌不息，不断浮现出的与女儿共处的片段，与我心中的那股不甘心。我还没有尽到父亲的责任，没有看着女儿长大成人；我还没有把百万外债一一偿还，没有偿还我所亏欠的那些曾经借钱给我、对我尚且怀有期待的朋友们的恩情；我还没有实现我的人生价值，没有释放心底最深处的那一声怒吼和那一份不甘。我想要去挥洒汗水、指点江山，我想要去完成我的创业梦。

在这生死攸关的一瞬间，我的紧张和恐惧好像完全消失了，手心里的汗珠也消失了，甚至感觉连时间也停止了，有种飘在云中，软绵绵的感觉。我的记忆，仿佛带着我的人一起回到了过去。我仿佛还站在产房门外焦急等待女儿出生，不断地看手表，不断地看产房的门，坐立不安；画面一转，我聪明可爱的女儿出生了，她是带给我无限动力和希望的小天使，我想要伸手去摸，却什么都摸不到；随之而来的是我在北京开会所的片段，我在海南开餐厅的情景，我在车床厂里工作时的回忆，我童年时读书的场景。

过去 20 多年的岁月，不断在脑子浮现、消散、浮现、消散，好像在对我述说着什么，要告诉我什么信息或者什么道理。看着眼前变幻莫测，却怎样都触不可及的画面，心中真如万马奔腾着从身边呼啸而过，带起阵阵尘沙漫天。我好像顿悟了，好像人生打开了一扇角度完全不同的窗户，对以往的是非功过，有了一种全新的理解和认知。

"Do it."

黑人有些急不可耐，压低声音咆哮了一句，将我从刚才奇妙的感觉中唤醒。我强忍住扭头看他的冲动，心里的恐惧和不安早已被坦然与顿悟取代，生出几分浑然不惧的豪情。

我伸出双手，一边如他所说，慢慢地脱下手表，一边尝试着和他沟通："How about getting out of here? I can give you more." 只要离开这个幽暗的小巷，我就能想出更多的方法逃生！

黑人不为所动，盯着我将手表放进袋子里，又命令我交出手机。最后，他贪婪的目光在我全身上下来回扫了两遍，似乎也认为我身上真的没有什么"油水"可挖了，于是敏捷地勒紧皮质黑包，背到肩上，一边继续用枪指着我的头，一边缓缓向后退去，三步并两步，几个呼吸间便消失在茫茫月色之中。

直到确认身后再也没有其他人，我才飞奔回住处。坐在舒适的椅子里，我抬头看着依然朦胧的月亮，心跳久久不能恢复正常。这一夜，我想了很多，也顿悟了很多；这一夜，我解开了很多心结。

这个黑人虽然抢走了我的财物，甚至差点夺走我的生命，但是，他让我明白了，我还有很多事情没有完成。

有位哲人曾说，每一次挫折、委屈、事与愿违之后，你都会有一些不同以往的发现和感悟，这就是成长。这一次命悬一线的经历，虽然让我在每次回想起来时都会心悸不已，但同时也让我成长了不少，变得更加成熟。

我想起老子的哲学中"祸兮福之所倚，福兮祸之所伏"这句话，人生福与祸之间的微妙联系，被老子一语道破。本来，被打劫是一件莫大的"祸"事，却让我意外地顿悟，有所收获，成为一种"福"。人生世事无常而又难以预料，那么究竟如何才能"活"得有价值？我的感悟是：活在当下，把握今天。

爱女情深

在小巷子里遭到抢劫的事解开了我的很多心结，而其中最重
要的就是：我决定抛开那些矫揉造作的顾虑，跟女儿视频。

在美国近 10 个月的时间里，我虽然几乎将所有的精力都放在
工作和社交上，但我的女儿，依然牵动着我浑身的神经和细胞。
300 多个辗转反侧的夜里，让我忍不住痛哭流涕，让我不禁笑出
声来，让我魂牵梦萦，让我思念至深的，就是我的这个小天使。

但是，即使对女儿的思念已经深入骨髓，即使看一看她可爱
笑脸的渴望几度让我彻夜难眠，在无数次挣扎与纠结之后，我还
是选择了隐忍。因为我的理智告诉我，不能这样做！

刚到美国的那段时间，我也曾幻想过东山再起之后，回去跟

前妻复婚。我在北京创业的无数个日子里，正是她的陪伴给了我无限温暖。这样的情意，迫于形势，硬生生地被割断了。当我离开北京、离开祖国时，心里难免有些不舍和留恋。

当时我为了挽救会所的生意，不断地在外面借钱，欠下了上千万的债务。为了逃避这笔巨额外债，我仓皇逃离北京，因此并没有时间为前妻和女儿打点好一切。

唯一让我感到庆幸的是，大概是因为当时心里总有些隐隐的不安，所以当年的那些借款的借条，签的都是我一个人的名字，在跟前妻离婚之后，这些外债便与她无关。那些借钱给我的人，看在以往的交情上，也不会过于为难前妻。

刚到美国那会儿，我每天甚至没有勇气打开微信，因为只要打开微信，就会有一大堆跟我要账、催款的信息。我是一个极刚强又重情义的人，真的不知道要如何面对这些曾经倾力帮助我的人，不知道怎样回复他们的信息，不知道我应该以何种面目出现，不知道有生之年我是否能赚到足够的钱来还给他们，不知道未来的路在何方，甚至不知道有生之年还能不能回国，能不能再见我的女儿……所以在那段时间里，我只能选择躲避，如游荡在人间的孤魂野鬼，见不得阳光。

但是，如果他们知道我仍然跟前妻保持高频的联系，难免会想通过前妻来找我。这样他们就会不断骚扰前妻和我的女儿，给她们的生活带来很多麻烦。所以，如果想让前妻过一些宁静正常的生活，我必须跟前妻"划清界限"，才能将她们母女二人从这笔烂账中择得远远的。因此，哪怕是思念已经深入骨髓，我也只能忍受，只能装作不在意地一笑而过。这是一个男人，必须肩负起的对女儿和前妻的义务与责任。

除此之外，我坚持痛苦地隐忍，还有一个"心酸而可笑"的理由：我不希望前妻和女儿看到我失意潦倒的样子。

与前妻认识、交往以来，她所见到的我，从来都是意气风发、无所不能、勇往直前的样子。开会所的时候是这样，即使是后来会所遇到困难，我开起了连锁冒菜馆的时候依然如此。无论遇到怎样的麻烦，我都能够凭自己的能力轻松解决。所以，她从未见过我如此失意潦倒、落荒而逃的样子。

可现实是，我刚到美国的那段时间，绝望至极，对未来充满疑惑与迷茫。我如何能让前妻和女儿看到那个样子的我？

前妻是我曾深深爱过的女人，她是一位贤惠的好妻子，也是一位优秀的母亲。我怎么能以当时那种潦倒的状态去跟她视频？这样只会增加她的担心和不安而已。所以，那段时间我始终认为，我与前妻的别后重逢，一定要等到我东山再起，衣锦还乡，返回北京之时。

然而，经过抢劫事件，我有了更深刻的感悟，境况也发生了很多改变。人生无常，我不能寄希望于未来。我要活在当下，努力创造未来！所以跟女儿视频也不能再拖下去了，我要看着女儿一点一点地长大，我要尽一个父亲的责任。

而且，如今我来到美国已经 10 个月了，由于杨总的信任与支持，加上我夜以继日的拼命与奋斗，纽约、洛杉矶的两家店都已经步入正轨，每日的盈利和流水都非常可观。我也不再是刚来美国时的那种惶惶终日的状态了，已经可以偿还一部分债务，也重新拾起了斗志与信心；对我的那些债主们，也能够有个交代。所以，我终于不用担心会对前妻造成生活上的困扰和影响。

在这样的背景下，我决定在女儿一周岁生日那天，跟她视频。

我的女儿是在 2015 年 6 月 12 日早晨 5∶23 出生的，这是一个我这辈子都不会忘记的重要时刻。时隔一年，在 2016 年 6 月 12 日晚上 8 点，我打开手机，找到前妻微信，按下了视频健。

视频之前，我并没有提前跟前妻沟通，隐隐地有点担心能不能顺利视频，心里有些忐忑不安。

快一年不见，不知道女儿长大了多少，是胖了还是瘦了，会叫爸爸了吗？前妻最近过得还好吗？没有被我拖累到吧？心里期待的同时，又有些难言的紧张。

就在这样极其复杂的心态下，前妻接通了视频。

她穿着一件白色短袖睡衣，躺在床上逗弄着女儿，场面有着说不出的温馨。在我与女儿阔别一年，再次看见她的那一刹那，我的内心一下被戳中，感动又开心，想要放声大笑，也想失声痛哭。

虽然已经做好了十足的准备，但我依然没有想到，女儿已经长大了这么多。当初那个还只会在我怀里安静地睡觉的肉疙瘩，现在却已经完全长开了，白白的小脸上，一双大大的眼睛好奇地盯着我看了一会儿，随即露出陌生、害怕的神情，怯生生地将目光移开了，小小的身子也躲进前妻的怀里。

我的眼睛一刻也离不开她。我的女儿，十个月不见的女儿，此刻正在视频的那一头。但是，她看见我，却没有其他女儿见到父亲的喜悦，而是令人心碎的疏离和怯意。

前妻在视频里深深看了我一眼，扭过头轻轻安慰着女儿，慢慢地引导着她。

在前妻的引导下，女儿用柔软的奶音，轻轻地吐出两个字：
"爸……爸……"

我的眼睛瞬间盈满泪水，心也几乎在那一瞬间融化了。这是我第一次听到有人叫我爸爸，虽然还有些含糊不清，但却给了我前所未有的感动。我从来没有发现，"爸爸"这两个字如此有力量，如此有穿透力，几乎穿透了我的整颗心、整个灵魂，仿佛以后这世间，再也没有能够阻挡我的力量。这两个字，足以支撑我去完成所有的梦想，去抵达任何我想去到的彼岸。

前妻虽然柔声安慰着女儿，但是看向我的眼神里，却仍然有几分的不解和埋怨，似乎在无声地责问我：为什么一走了之？为什么这么久不联系？

而我在视频的这一头，心里充盈着愧疚和感激，却没有迸发出如当年那样炽烈的爱情火花，只有淡而不散、温和持久的，如亲情又如故交好友一般的感受。

跟女儿视频半个多小时，看着女儿可爱的笑脸，期间截了几十张图。挂断视频之后，我一个人默默地翻看刚刚保存到手机里的截图，女儿的每一个瞬间都是那样的灿烂可爱，完美无瑕。只是，截图里的这个男人，是我吗？

截图里的男人，面容还算整洁，浓眉大眼，阔额挺鼻，眼睛里的泪光还没有完全隐去，但又带着十分的满足和幸福。只是，略长的头发与微微凌乱的胡楂，总让人感觉他带着些沧桑与蹉跎之感。

我对截图里的男人产生了疑问，对我自己的状态产生了疑问。这个人就是我吗？这就是女儿第一次和我见面时，看到的我的样子吗？

好几天没有梳理头发、修剪胡子了，整个人看上去是那样的憔悴。女儿会喜欢这样的爸爸吗？她会被爸爸的样子吓倒吗？

不！这不是我！至少不是我所期望的"我"，也不是未来的"我"，更不是我希望女儿见到的"我"。我要改变，从现在，从当下。

第一次跟女儿视频结束，我收拾好了心情，重新振奋出发。先去修剪头发与胡子，然后，依然将精力投入到工作和社交中去，只不过，这一回，我已经做好了离开的准备。

刚到美国时，我只认识杨总1个华人；1年后，当我要离开时，已经认识了美国华人圈超过500位华人。平均下来，几乎每天都会认识一两个新朋友。这是我在美国最大的收获。虽然这里的人脉和资源并不能跟随我回到国内，但是，他们带给我的启示和进步，却已经融入了我的血脉，成为我最珍贵的一笔财富。

我下定决心，再过一段时间，我将带着这笔财富，容光焕发、脱胎换骨地回到祖国，回到女儿的身边。

随后的一段时间里，我差不多隔几天就会跟女儿视频一次，度过了一段无比快乐而幸福的时光。

重生归来

春去秋来日复日，花谢花开又一年。时光荏苒，看不见、摸不着、也感受不到，但它确实无时无刻不在身体每个细胞的周围，无时无刻不在不停歇地流逝，一去不复返。

这一年，我年仅 29 岁，却经历了很多人一辈子都不会经历的坎坷、磨炼与起起落落；这一年，我经历了太多、感悟了太多，好像在某个瞬间之后，整个人成熟了 10 岁；这一年，我还没还清外债，我还在海外流浪，我女儿还不会走路，我的未来还不明朗；这一年，是 2016 年。

来美国一年多的时间里，我犹如凤凰般历经了残酷的涅槃，如今终于浴火重生。如今的我，与一年前的我已经判若两人，整

个人的身心都得到了深度的洗礼。我来美国的目的已经达到了，
也是时候做一个暂别了。

8月10日，我坐飞机来到洛杉矶。我跟杨总约好，晚上在洛
杉矶的品逸阁里一醉方休。

已经有段时间没有跟杨总如此畅饮了，餐厅生意非常火爆，
我们两人都十分忙碌，一直没有时间在一起相聚。想想上次我们
两人开怀痛饮，还是去年我刚到美国的时候。

这一晚我们聊了很多。从当年在海南时的初遇，聊到辗转来
美国创业，聊到餐厅的"发展史"，又聊到未来的发展之路。我
跟杨总就这样一边回忆过去，一边畅聊未来。

"我想，我该回国了。"虽然满是不舍和留恋，但我还是开口了，
将话题转移到这个有点伤感的主题上。

"为什么这么突然，回去有什么重要的事情吗？"杨总一边
问我，一边给我倒满酒。

"回去还债。那些曾经借给我钱的人，都是我的朋友，因为
信任才把钱借给我。当初我离开北京来美国，是没有办法，走投
无路时迫不得已、别无选择之下的选择。如今赚了一些钱，我想
回去先还一部分。我不能让曾经那些相信我的人，对我失望。"

说完我将杯中酒一饮而尽。

说真的，一年多来，这儿百万元的外债已经成了我心头的一块巨石，不把它彻底解决，我连呼吸都不痛快。作为堂堂正正、坦坦荡荡的男人，欠下的债无论多久都要还。

杨总也喝光了杯中酒，又给我们两人倒满。

我接着说道："还有一个原因，我想回去看看女儿。这一年多的时间，女儿长大了好多，已经会叫爸爸了，可是我却没怎么陪过她，也没有照顾过她。我想回去尽些父亲的责任。"

杨总重重地点点头，认真地看着我说："去吧，我支持你。早去早回，我在美国等你回来，这里更适合你发展。"

当时，我已经渐渐萌生了退出餐饮界的想法了，因为在餐饮行业，我能实现的人生价值十分有限。但未来的路要如何走，我还没有明晰的规划和方向，所以在我的内心深处，隐隐地觉得自己大概不会再回到美国。但面对在绝境中帮助过我的杨总，这些话最终没能说出来，就这样埋在了心底。

我点点头，没有回答，从包里拿出一张银行卡，推到杨总面前："这是一年来纽约品逸阁的净利润，这一半给你，另一半我带回去还债。"

杨总笑了笑，将卡推回到我面前，真诚地说："这是靠你的努力，一点一滴打拼赚来的，应该属于你。而且你要回国还债，比我更需要这笔钱，都带回去吧。"

听了杨总的话，我心中再度涌出无尽的感动。

来到美国之后，我一直受到杨总的照顾。可以说，没有杨总的信任和鼎力支持，我绝不会如此快速地走出人生低潮，更不可能在如此短的时间里东山再起。如今杨总更将纽约餐厅赚到的钱全部给我，这份情谊，我想不到任何方法来回报。

似乎看出了我的心思，杨总笑道："好兄弟，不必计较这些，来，干杯！"

说完拿起酒杯，喝光了杯中酒。我笑了笑，也一饮而尽。

这一夜我们喝到了很晚，喝到不省人事。

第二天，我回到纽约品逸阁，简单交接了最重要的几件事情后，登上了从纽约飞往北京的航班。

带着跟来时截然不同的感受，我沿着来时的轨迹，逆向返程。飞机从肯尼迪机场缓缓起飞，驶向遥远的东方。纽约这座让无数华人心心念念、魂牵梦萦的城市，在我眼中变得越来越小，渐渐已能尽收眼底；慢慢地，连美国这个充满挑战与梦想的国度，也消失在天际。

航行在云层上，我并不知道自己现在算不算衣锦还乡。我唯一可以确定的是，在美国的这段日子里，我体验了太多，也收获了太多。

一年前，28岁的我，带着失意、落寞、支离破碎的家庭、数百万的外债及一颗对未来充满迷茫的心，一无所有地逃离北京，只身一人来到了美国。虽然很少跟别人说起，但我的心底，埋藏了太多的压力，甚至有些惶恐，更多的是茫然无措。

一年后，29岁的我，带着斗志、决心、用双手拼搏出来的成绩、一点一滴赚来的数百万存款和一颗无所畏惧、敢与天地一战的心，收获满满地踏上了回北京的征途。

我几乎不敢相信，自己只用了短短一年多的时间，就能够从"败局"中振奋崛起；也从未想到，我会对未来充满如此多的期待和想象。

"戎马倥偬一生，多少失败成功？试看大千世界，依旧海阔天空。"

词中所说，与我此时的心境高度吻合，也刚好能够概括我这一年多时间的感受和经历。创业如同战场，我戎马倥偬近10年，经历了太多，有过数不清的失败与成功，有过说不尽的坎坷与挫折，也有过道不完的辛酸与感动。成功之后蓦然回首，看着这大千世界，一切海阔天空，这是一种得到之后仍能够不卑不亢的淡然境界；失意之后偶然回头，看着这大千世界，仍然是海阔天空，这是一种失去之时仍能够不悲不喜的博大胸怀。我想起了初到美国时杨总跟我说的故事，能够海阔天空地容纳失败，才有可能海阔天空地迎来成功。

现如今，我终于可以真正理解他所说的话，可以坦然地面对自己，不管是那个曾经失意潦倒的我，还是现在这个意气风发的我。

是的，我不再是一年前那个年轻气盛、自我又任性的毛头小子了。我仿佛一块生铁，在岁月与挫折的熔炉里不断被捶打、被升华，终于得以百炼成钢，刚柔并济。

我不再是一年前那个充满疑惑、千疮百孔的失意少年。失意的终将过去，能沉淀经验并完成蜕变的，才是真的英雄豪杰。

我不再是一年前那个只为赚钱而活着的创业者。我寻找到了人生的方向和意义，我要做些有意义的事情，实现人生的价值。

我不再是一位只知道爱，却不懂得如何去爱的爸爸。我懂得了珍惜现在，懂得了把握当下，懂得了如何去爱我的女儿，让她健康地成长。

如今，我的蜕变与成熟，让我对自己和未来充满了信心。我相信，以我如今的心态和状态回国见女儿，一定不会让她对爸爸失望。

飞机飞进一片云层，分不清方向，也辨别不出方位。我闭上眼睛，调整了一个舒服的姿势。我想，也许等我再睁开眼睛时，就已经抵达北京；也许再一睁眼，就能呼吸到北京的空气。那里曾是我挥洒汗与泪的地方，那里有着我的亲友和最亲爱的女儿。我曾经对那里如此熟悉，而现在，当我即将再一次踏上那片土地，心里竟然如此期待和悸动。

幸运的是，即使经历千难万险，我在浴火重生之后，又回来了！

05

厚积薄发　王者归来

POSSIBILITY

杭州且留下

2016 年 8 月 12 日下午 2 点，飞机抵达了北京。

下了飞机，踩在北京的土地上，大口呼吸着、品尝着北京的空气，我的心里顿时涌出一种莫名的踏实之感。纽约的空气里，充满了一股浓浓的美国梦的气息；而北京的空气里，则有一股淡淡的熟悉感和亲切感，似乎用力一吸，就可以嗅到一些温情与回忆。

面对这座记录了我的成功与失败的城市，面对这座我奋斗过、努力过也失意过的城市，我的心情有些复杂，内心慨叹良多。

这里有梦、有情、有巨额外债，也有让我魂牵梦萦的小天使。

走出机场，没有休息一下的念头，也没有调整时差的打算，我迫不及待地给我的"债主们"打了电话。

不记得曾经在多少个无眠的夜里，我对着一堆明明很轻，风一吹就会飘走的欠条发呆。把欠条拿在手里，感觉异常沉重，压得我喘不过气来。面对这一张张早已不知道默默念了多少遍的欠条，我几乎可以倒背出上面那些熟悉的名字和电话。

那时我总想着，有一天可以华丽如王者般，轰轰烈烈地归来，还清上面的欠款。而我曾经的幻想，通过自己坚持不懈的奋斗，终于在这一刻实现了。

我没有理会仍然炙热的秋日艳阳，出了机场，叫来一辆车，飞奔赶赴刚刚约好的地点，去见我的那些债主。

坐在车上，我的心情依然十分复杂。因为很多时候、很多事情，很难用简单的对或错来评判。正如我即将面对的这些债主，他们都曾是我的至交好友，也曾拿出大笔的钱借给我周转。但当我创业失败时，有些人迫不及待地找我，想要收回欠款。他们每天给我打几十通电话，微信更是从不间断地发，生怕我从此人间蒸发。当然，也有很多人选择了沉默地支持，只字未提还钱的事情。他们给我发来的，都是最真诚的问候和关心。

我特别理解那些曾经对我"放心不下"、穷追不舍的人。毕竟他们曾经在我需要帮助的时候借钱给我，因此我心怀感激。对于那些雪中送炭，甚至在我穷困潦倒、看起来似乎永无出头之日的时候，也依然坚定地选择相信我的人，我更是永远铭记于心。

也许，正是因为我经历过太多次的成功与失败，所以我特别能够理解那些处在低谷期的创业者的感受，那种对于现状深深地无能为力的无奈，以及强烈地渴望着能够力挽狂澜的不甘。

如果有一天，我成了一位投资人，我会选择投资那些在创业过程中不断失败、不断受挫、不断绝望，却仍未放弃，仍然坚持着、努力着、不断去尝试的创业者。因为我能够看到他们骨子里的倔强与执着。凭借这份韧劲与执着，我相信他们一定能够取得最后的成功，就像如今的我。

从下午到深夜，我没有休息，几乎见了所有在北京的债主。其实，我本可以直接通过银行卡把钱转给他们，但我还是想当面表达我的感激和歉意，所以我花了近10个小时的时间，亲自拜访每一位债主，还完了大部分外债。这也算是与我上一段创业经历，做一个彻底的了结。

至此，我又成了一个自由人，可以开始我全新的创业之路。

回到酒店住下，我好好休整了一下心情。我要在最短时间内调整好状态，以最完美的状态去见我的女儿。

与女儿见面的过程，几乎跟我所设想的情景一模一样，温馨而快乐。这个支撑我度过无数个难眠夜的小女孩就像一个粉嫩的天使。握着她的小手，感受着她的呼吸和心跳，听着她奶声奶气地叫爸爸，世上还有什么事情，能够比得上这一刻的幸福？我几乎幸福得快要融化了。

虽然当时还没有萌生要做淘儿学的想法，但我的心中已经深埋了一个要为女儿做些什么的念头。

我陪着我的小天使，度过了人生中最快乐的两天。2016 年 8 月 15 日，我又一次离开了北京。

几位曾一起在莫斯科留学的同学，听说我回到了北京，想要一起聚聚，叙叙旧，极力邀请我一起共赴杭州登山。虽然有些舍不得与女儿分开，但碍于往日的情面，加上我正好想借机再次拓展一些人脉，最后我还是答应了。

只是，我没有想到，这次登山给我带来了这么大的改变。这次杭州之行的经历，可以说彻底改变了我的创业轨迹，让我开启了一段与之前大不相同的创业之旅。

在我还未曾到杭州之前，便对这座历史名城充满了期待。在我的脑海中，这里有群山环绕，有西湖美景，有青翠湿地，有藏书香茗，有文化积淀，有历史掌故，有如阿里巴巴这样的顶级公司，又即将迎来世界顶级的 G20 峰会。

亲自来到杭州游玩一番，这里果然没有让我失望。美不胜收的风景，充满书茶之香气的文化氛围，甚至大大超出我的预期，杭州具有北上广所不具备的轻灵俊秀，风姿隽永之气。因此，我对杭州的第一印象非常不错。

8月的杭州，正处于多雨的时节。但在晴朗的日子里，阳光依然炽热如猛虎，咆哮着，仿佛随时准备撕咬匆匆的行人。

我们一行人一边游览着杭州美景，一边闲聊着近况与未来，就这样漫步在杭州的山峦之中，在暑气未消的天气里，别有一番闲适之韵味。

偶然发生的一件小事，改变了我的计划行程，也改变了我的创业之路。如同蝴蝶效应里，那只南美洲亚马孙河流域热带雨林中的蝴蝶，随便扇动了几下翅膀，却引发了让人瞠目结舌的龙卷风。

这件小事是：我的腰，隐隐作痛。

十年如一日的创业生涯，未曾放弃、也未曾松懈地奋斗与打拼，经常每天只睡四五个小时的高强度工作，让我收获了很多东西，甚至可以说是我能够在败局中如此快速地崛起的关键。但作为高强度工作的代价，我的身体长期负荷过重，因此留下了不少小问题，隐隐作痛的腰就是其中之一。

当时，我还不清楚疼痛的原因是腰椎间盘突出，只是在爬山过程中，突然觉得腰部阵阵刺痛，便决定不跟大部队一起回北京，自己一个人留在杭州，休养两天。

每个创业者都如同小强，好像永远都打不倒，顽强得让人害怕。我的身上也具备这样的特质。

经过一夜的休息，第二天，腰部的不适已经有了很大的好转。而我又是一个闲不住的人，腰部的疼痛减轻了，就想在杭州好好转转。

作为一个长年奋斗在创业一线的创业者，既然来了杭州，当然要到那个引无数创业大咖竞相驻足、距离阿里巴巴淘宝城仅2公里之遥的中国创业圣地之一——梦想小镇去看看。

我是个执行力超强的行动派，既然已经决定了，便立即动身前往梦想小镇。

梦想小镇位于杭州城西，距离我住的宾馆有十几公里的路程。我一路飞驰而去，不到下午1点钟，便抵达了位于良睦路上的梦想小镇天使村。

梦想小镇可以说是中国环境最优美的创业基地之一，天使村、互联网村等几个小村各有特色，不分伯仲。这里每天吸引了大量的参观者和考察者，以及如我这般慕名而来的"观光者"。

也正是这一次旅行，我认识了一位特别的人——孙总。

孙总人很精神，一双炯炯有神的眼睛，散发着魅力的光芒，好像能看透每个人的内心。40多岁的他，正是最具精力与能量的年纪，一动一静间，充满了睿智的感觉。在和他的交谈中，我得知他就职于达内科技，担任人事总监一职，这次到梦想小镇是来参观考察的。

达内科技是一家以培养信息技术人才为主的大型教育培训公司，早在2014年便在美国纳斯达克成功上市。我曾做过4年的教育培训，对培训方面有很多自己独到的想法。这些想法和思考，引起了孙总的注意和共鸣。我跟孙总两人一见如故，惺惺相惜，就这样从教育到创业，天南海北地畅聊了起来。

我跟孙总分享了多年来的创业经历，和我关于创业、经营等方面的一些想法。孙总非常认同我的这些想法和理论，彼此间生出一种相见恨晚的感觉。

"Jackie，你有丰富的创业和管理的经验，又非常有想法，充满了创造力，要不要考虑下，来我们公司吧！我觉得你可以来达内科技做市场总监，这个岗位非常适合你。"我们聊到兴起处，孙总忽然向我抛出了橄榄枝。

说实话，对于孙总忽然透露出的招揽之意，我有些措手不及。我刚刚偿还了大部分债务，身上的积蓄已所剩无几，确实也该谋划一下未来的方向。我从来不是一个安稳的享乐主义者，只有工作和挑战才能让我充实起来。所以，我想找一个有价值、有挑战性、能够给我发挥空间的工作。

那么，达内科技会是适合我的归属吗？

"我不是个安稳的人，我可能更适合去创业。"对于孙总的问题，我思考了一会儿后说道。

"Jackie，即使你自己去创业，很多事情也不是你一个人能够决定的，也需要跟你的合伙人、你的投资人去商量，来达内科技，你同样可以拥有非常广阔的空间，公司会有足够的自主权让你尽情施展，完全可以一展你的才华。"

孙总的话很有感染力，一下子紧紧抓住了我内心的需求。我有些犹豫和纠结。孙总毕竟是一位资深的人事总监，有着丰富的经验和敏锐的洞察力。他看出了我的犹豫不决，进一步加大了"诱惑"我的力度。

"你来达内科技，我们可以给你 80 万元年薪、百万期权。Jackie，你值这个价。人生最难的就是遇到能够看清你价值的人，现在我看清了，Jackie。"

孙总的话对我而言，充满了吸引力。不仅是因为达内科技是一个能够让我施展拳脚的平台，那个年薪也充满诱惑力，更重要的是孙总对我能力的认可和肯定。毕竟千金易得，知己难求。

但，我心中仍然有一个创业梦。我希望通过我的努力，可以帮助到一些人，可以积极地、充满正能量地影响一些人。我拼尽全身力气、投入了全部的精力去奋斗，不仅仅是为了自己，也为了能够为更多人创造价值。这才是我最期待也最适合我的创业之路。

孙总看出我心中还有些犹豫和纠结，他没有逼我立即做出回答，而是爽朗一笑，说道："Jackie，你可以先好好考虑一下。因为岗位的重要性，公司也需要在股东大会上表决通过后才会正式发出邀请。我先回公司，跟股东说明一下你的情况。如果一切顺利，决议被通过，那么3天后我打电话联系你。"

我笑着点头答应，到达内科技就职的话题也就此停止。

但，人生的乐趣不正是永远都充满了未知与期待吗？当我以为这一天梦想小镇之行的高潮已过，不会再有什么精彩的故事发生时，我遇到了一个重要的人，也经历了人生中最关键的一次转折。老徐，徐徐地走进了我的世界。

老徐是e修鸽的创始人，年纪在40岁上下，发际线有些高，但头发梳理得很有型。他的眼睛很大，好像里面藏着很多故事，等待着听众，随时准备娓娓道来一般。他的下巴上留着一小撮胡子，看起来挺洋气，很有范儿。

可能因为同是创业者，也可能因为我天生的亲和力，我与老徐第一次见面便相谈甚欢。在今之源大厦，我们聊了两个多小时，从艳阳高照聊到日落西山。

似乎每个听我讲述了我的那些创业经历的人，都想"拉我入伙"，老徐也不例外，于是我收到了今天的第二个橄榄枝。

"Jackie，跟我一起干吧！给你股权，你来加盟e修鸽，当我的合伙人。我把e修鸽的整个市场都交给你来运营。"

我之前十几年的创业经历，大多都在传统行业。在美国那段时间，我接触到了各行各业的人，渐渐对互联网行业有了一个比较全面的了解。在之前很长一段时间里，有些霸道和专政的我，是不太能够接受创业合伙人制的。但随着对互联网的了解，我的想法也慢慢地发生了转变。

人生就是个漫长的学习过程，无论是我还是那些早已经功成名就的大咖们，只要停下了学习的脚步，就注定要被时代所抛弃。于是，我在了解了互联网行业之后，慢慢地开始拥抱变化，一直期待着来到互联网的世界里，重新开始我的创业生涯。

加入e修鸽，确实可以通过我的努力，来影响到一些人、改变一些人，如果能实现这样的价值，我的身份是创始人还是合伙人，已经并不重要。

"Jackie，每个月需要多少钱，能保证你在杭州生活得下去？"
老徐干脆趁热打铁，抛出这个问题。

我知道老徐的意思，也懂创业的规则。初创期的公司，并不
能给员工非常可观的薪水。创业的根本是先活下去，然后才是更
好地活下去。所以，初创公司的一切都以让创业项目能够活得更
久为根本，至于工资，往往很难让员工十分满意。

"1万块就够了。"我回答道。

其实我清清楚楚地知道，如果我选择加入e修鸽，我现在所
说的数字，将成为我未来的工资金额。因为我知道创业的艰难和
创业的使命，尽管每个月我有超过1万元的贷款要还，尽管如果
工资只有1万元，我的经济会比较拮据，但我没有把自己的困难
向老徐诉说。我喜欢把所有希望留给队友；而那些困难，我自己
一个人来扛。

"虽然给你不了你高工资，但e修鸽这个项目，值得你为之
奋斗。Jackie，来e修鸽吧。"老徐的话仿佛一种魔咒，在我耳边
萦绕，我有些心动和神往。

现在的我面临两个选择：要么答应孙总，去达内科技当市场
总监，拿着不菲的年薪，干着相对低风险的工作；要么选择入伙
e修鸽，成为老徐的创业伙伴，但是初创公司不仅充满了不确定

性和未知性，而且一年只有 12 万元的基础工资。

一边是 80 万元年薪、百万期权，而且是我无比熟悉的教育行业，以及上市公司达内科技；一边是陌生的家装行业，仅 12 万元的年薪，以及充满了不确定性的创业项目和初创公司 e 修鸽。在面对这样的选择时，我想，大概 99.9% 的人都会毫不犹豫地选择前者吧。但我偏偏是那 0.1%。因为我是天生的创业者，所以我选择了加盟 e 修鸽。

也许很多人会问，为什么你一直说自己是天生的创业者，又凭什么说很多人都不适合创业呢？那是因为我在创业的这些经历中不断回望、不断总结，发现我有 4 个特点，让我更适合选择创业。这 4 个特点也是我跟其他创业者相比，最重要的核心竞争力。

我的第一个特点是：行事胆大，决策果断。

敢想敢做，从不瞻前顾后，前怕狼后怕虎。犹犹豫豫、踟蹰不前绝对不是我的风格。不够果断的人很难成就大事，因为机会不会等你！当你还在纠结干还是不干的时候，机会已经稍纵即逝了。你不能把握，那么别人就会取代你。所以面对选择时，我更愿意选择充满机遇与不确定性的创业公司，而不是相对缺乏创造力，却更加稳定的上市公司。

我的第二个特点是：脑洞无限，善于总结。

我与很多看到风口,脑袋一热就来创业的创业者有本质不同。从2004年到2017年,我一共经历了13年的创业时光。不夸张地说,这些甚至是很多创业者一辈子都不会经历的。所以我的眼界、见识、思想都得到了充分的磨炼,能够更宏观、更全面地思考;而且,我还善于总结成功的经验与失败的教训,并且已经逐渐形成了一套自己的关于创业的见解和理论,这是我的优势。此外,因为我从小就有发散性思维,这么多年国内国外的创业历程,让我见识更多、眼界更广,想法也就越来越丰富,这就是所谓的"脑洞"。

跟我搭档过的人经常笑着调侃我:"你的'脑洞'怎么可以这么大,太异想天开了!"无论是在工作上,还是在生活中,我总有取之不尽,用之不竭的好玩的想法和奇妙的思路,总能在一片绝望中,找到一条前所未见的新路,带领大家冲出困境。对于创业者而言,无限大的脑洞,异想天开的思维,是非常重要的创业技能。

这个特质,也非常适合创业和初创型公司。我也希望能够凭借我的脑洞与似乎永远不会枯竭的创造力,打造出一家独角兽公司来。

我的第三个特点是:不畏困难,不惧挫折。

这一点,从我这么多年的经历中,就可以看得出来。我是一个非常坚忍执着的人，不管有多少困难，不管有多强的阻力，不管经历了怎样的挫折，不管经受了多少次失败，不管有多少人相信、多少人认可，只要我认准了的事情，便不达目标誓不罢休。

哪怕当年我欠下 1800 多万元外债的时候，我也没有被打倒。我坚信我的梦想，坚持要创业。也正是这种打不倒的精神，让我不论经历了什么，都保持着一颗愈战愈勇、无所畏惧的心。因为无所畏惧、一往无前，反而往往能够突破各种各样的困难，取得成功。这一点是如今一些没有经历过风雨洗礼、没有经历过岁月沉淀的创业者所不具备的。但对创业者而言，这又是取得成功所绕不开的、必须具备的至关重要的一个基本素质。我希望每一位创业者都能够调整好心态，既然选择了创业这条"不归路"，那么就一定要做到不畏困难、不惧挫折、不怕失败、勇往直前。要像小强一样，有一股打不死的精神。

我的第四个特点是：人格魅力，自信不疑。

我是一个无论经历了什么，都能够笑着面对的人，对自己永远充满无限的信心，对未来永远充满无限的希望。很多时候，正是我的这种信心和希望，振作了团队的士气、鼓舞了同伴们的内心，让公司能够冲破重重困难，拼出一条血路，杀出重围。有时候我的这种自信，甚至到了有些盲目的程度。当然，这种盲目绝非没理由的无知的盲目，而是因为十几年的创业经历，我一次又一次通过自己的努力、经验和能力，克服了很多人眼中不可能克服的困难，取得了很多人心中可望而不可即的成功。一回又一回的胜利、一次又一次的成功，让我渐渐积累了经验、培养了信心、提升了人格魅力。

没错，人格魅力是我的最大的优势之一。而且我天生就具备演讲的天赋，特别擅长讲故事，这也是创业者必须具备的技能之一。我的演讲天赋与我的人格魅力完美结合，这会让很多与我有过接触的人都愿意信任我、跟随我，包括我的合伙人，我的员工，甚至是投资人。

当我想清楚了我的优势与特点，坚定了我的创业梦后，便没有再犹豫和纠结过。我选择放弃 80 万元年薪、百万期权，以及上市公司高管的身份，以一个创业者、合伙人的身份，加入了 e 修鸽。

这一天是 2016 年 8 月 16 日，这一天发生了太多的故事。

进军互联网

在西湖的西北边不到 5 公里的地方，有一个总面积达 11.5 平方公里的湿地公园，名字叫西溪湿地。在西溪湿地南门的一面墙上，写着"西溪且留下" 5 个楷书大字。据说当年宋高宗下江南时，路经杭州，被西溪美景深深打动，说出了"西溪且留下"五个字。所以，在西溪湿地西北边的一个小镇也因此而得名，就叫作"留下"。

当我答应老徐加盟 e 修鸽，不仅标志着我正式杀入了互联网创业圈，也意味着，我将要留在杭州这片创业的热土。彼时，我不自禁地想起了这个传说，宋高宗是"西溪且留下"吗？那我应该就是"杭州且留下"吧！虽然我们都对杭州有种特殊的喜爱，但我相信自己与宋高宗截然不同。一个是只图享乐的"浪荡君主"；

一个是怀有梦想的创业者。

与老徐聊完的第二天，我来到 e 修鸽，正式开始了我在互联网行业的全新创业之旅。

进入 e 修鸽，我认识了新的同事。初见面时，大家都对我十分友好，但心里也对我这个"空降兵"十分好奇和疑惑。后来我才知道，在大家的眼里，老徐的性格中带着一些谨小慎微的劲儿，他亲自挖的人，都必须经过一段时间的考察。像我这样，仅有一面之交，第二天便来公司上班的人，可以说是绝无仅有、史无前例的。

后来我和老徐闲聊，不经意地问起他为什么当初这么着急让我进入 e 修鸽工作。他说，一方面是因为 e 修鸽急于拓展市场；另一方面，他知道当时我也接到了达内科技的邀请，担心时间拖得太久，最终会失去我这个人才。

老徐的回答果然印证了他的"谨小慎微"。但我也用自己的实力证明了，这一次他看似大胆得超出常理的选择，是十分正确的。

8 月 18 日，是我入职 e 修鸽的第二天。这一天，e 修鸽的高层接待了一位传统家装行业里声名显赫的大咖——刁总。他在行业里扎根之久、对行业了解之深，很少有人能够出其右。

e 修鸽作为一个针对家装后市场的 O2O 平台，在我加入时已经成立了一年多的时间，但并未成功打开市场，反而面临着市场占有率比较低、发展缓慢等问题。因此，对于像刁总这样在业内极具影响力的大咖，e修鸽极为重视，非常渴望能够邀请他入驻平台。

除了刚来公司、对产品知识还在熟悉阶段的我，其他三位合伙人都已经用各自的方式公关过刁总，邀请他入驻。

但刁总稳如泰山，大有"一夫当关，万夫莫开"之气势，任凭另外三位合伙人如何攻坚，丝毫没有入驻e修鸽的意思。这次邀请刁总来公司，可以说是三位合伙人的背水一战，最后冲击。

但结果还是不如人意，刁总到最后也没有松口，只是留下一句："我还需要再谨慎地考虑一下"，便潇洒离去，留下e修鸽三位合伙人默默叹气。

看到这种情况，我骨子里不服输的劲儿立刻上来了，跟老徐说："我想试试。"

老徐抱着死马当活马医的心态，没有犹豫便答应了。我开始准备材料，了解行业，打算明天发起一场对刁总的公关战。

第二天一大早，我第一个来到公司，继续为这场"战役"做最后的准备。没到我还没发起进攻，却先收到了一轮"攻势"。

上午10点，我的电话响了，是达内科技的孙总。达内科技董事会已经通过了聘用我的决议，只要我点头，随时可以报道。

我感谢孙总的赏识，但婉拒了他的盛情邀请。挂掉电话，我的内心更加坚定了之前的想法：对于天生的创业者而言，还是应该选择创业这条荆棘密布的路。

平复了一下激动的心情，我拨通了刁总的电话。

刁总是业内资深大咖，对行业的了解之深，绝不是我这种刚入门的学生可以比拟的。所以我的战术是走差异化路线。既然刁总熟悉家装行业，那我便从互联网的角度切入。我相信，只要能打开一道入口，就一定能成功邀请刁总入驻 e 修鸽。因为打开入口之后的环节，包括如何沟通、如何挖需求、如何切中刁总的痛点，这些对于创业十余年的我来说，简直如呼吸一般简单自然。

结果如我所想，却出乎其他所有人的预料。经过两天的电话交流和沟通，刁总终于同意入驻 e 修鸽平台。第三天，我收到了刁总寄回来的已经签好字、盖好章的合同。

没有人想到我能如此快速地签单，并且第一单就拿下了如此困难的客户。这是我来到 e 修鸽之后第一次出手，非常干脆而漂亮的签单，震惊了所有人，也证明了我的能力与我总结的经验、理论，无论是放在传统行业还是互联网行业，都同样适用。

我没有因为签单而骄傲或自满，更没有停下前进的脚步。收到刁总合作合同的当天，我坐上了回常州老家的火车。当然，我不是回家探亲，而是老家的一位朋友给我介绍了一个客户。

三天后，我带着一份已签署完成的入驻合同，回到了公司。这是我在 8 月签下的第二单。在我加盟 e 修鸽之前，老徐给我定下的目标是每月成交一个客户，而我来 e 修鸽一个星期的时间，便搞定了两个客户。在此之前，e 修鸽用了半年时间，也才只积累了三五家客户。

随着签单的开始，我的工作量猛然剧增。我空有联合创始人兼 CMO（首席市场官）的名头，却还是个光杆司令，渐渐地有些忙不过来了，我需要招一位助理。

说来也巧，我在同事小陈的桌子上，发现了宝贝——一份我很中意的简历。

"小陈，这个小姑娘不错啊，你录取了吗？"我有些期待地问小陈。

"没有，人家小姑娘觉得平台不合适，所以没打算来。"不难看出，小陈也很中意这个在阿里巴巴有多年运营经验的小姑娘。

"那么把她的简历交给我吧！"

小陈点了点头，没有拒绝我的请求，说道："要是你能把她挖来，算你厉害。"

我听了哈哈一笑："这个世上就没有我搞不定的人。"

小陈听了我的话，以为我在吹牛，直到我带着贾茹一起出现在他的面前。

没错，简历上的那个小姑娘叫贾茹。名字虽然听起来有些随意，但小姑娘经验丰富，能力非常强。她心高气傲，对平台和工作都有较高的要求，第一轮面试结束后，她并没有看上当时的 e 修鸽。

当我再次打电话邀约她来面试时，出于礼貌，贾茹"勉强"答应了。

这一轮面试，结果跌破了大多数人的眼镜。我们没有像常规的面试官和应聘者一样进入会议室，而是在一楼大厅里长聊了近 2 个小时，结果是，她甘愿降薪近 2/3，加入我的团队。

难道仅仅 2 个小时，我就把贾茹逼疯了？不，她没有，她只是认可了我这个人。她相信我，所以她也相信我的选择。正如我所说，这个世上，没有我想做却做不成的事。

所以，我始终觉得，缘分是一个特别神奇的东西，即使在千钧一发，即将失之交臂之际，也能瞬间峰回路转。

2016 年 9 月的杭州，G20 国际峰会的盛况吸引了来自全世界的目光，注定不平凡。有了贾茹的加入，我们的团队战斗力又强大了几分。我已经磨刀霍霍，准备在 9 月大干一场。

在 G20 峰会期间，全杭州从 9 月 1 日开始放假 5 天，同时对周边大部分景点免门票开放。杭州人民迎来了一个旅游狂欢的长假，几乎所有在杭州工作、生活的人，都选择在这个时间出去放松一下。而我，在 G20 峰会期间选择了加班出差。

时间对创业者而言无比宝贵，因为客户和机遇，往往不会等你过完长假。

9 月 3 日，我从 e 修鸽申请了 10000 元备用金，带着贾茹飞往海南。我在海南有过创业经历，对这个城市的了解相比其他城市更多一些，再加上当时海南有较多的家装后市场资源，因此，我决定从海南开始，打开 e 修鸽的全国市场。

我跟贾茹两个人，从 9 月 3 日到 9 月 16 日，每天 6 点起床，白天在海南的各个地区跑市场，晚上整理资料、研究市场，常常要到凌晨才会休息。我们没日没夜地跑，用了 13 天的时间，终于把海南的市场几乎都跑了个遍，但带来的备用金也基本花费一空了。

算上机票、路费、吃住，两个人 13 天跑遍整个海南省，最多时每天甚至要跑 2~3 个城市，仅花费 10000 元，这无疑是非常高效、高性价比的。但当我花光了备用金，再次向老徐申请时，却遇到了难题。因为跑市场期间，我们没能签下一单，老徐对此略有不满。

多次沟通之后，老徐才终于又给我转来了 7000 元备用金。

虽然经费十分有限，但我并没有放慢市场开拓的脚步。之前在海南创业时结交的好友得知我到这里出差，纷纷打电话约我相聚。我和贾茹对了对日程表，从忙碌的行程中硬是抽出了一个晚上，和他们相约在当地一家十分有名气的餐厅里见面。

阔别多年，大家互相诉说着这几年的事业和生活。在我离开海南以后，大部分朋友的工作都没有太大的变化。得知我已经彻底离开餐饮行业，而转战互联网时，所有人都显得有些惊讶，但随即又都笑道："这么爱折腾，果然像是你的性格！"

闲聊中，我无意间得知，之前一位从事传统广告行业的朋友，现如今已经是业内佼佼者。他手中握有丰富的户外广告资源，其中就包括一块面积达 200 平方米的 LED 显示屏。

这块 LED 广告显示屏位于海口最繁华的位置——金融中心，是海南省最大的电子广告屏，巅峰时日曝光量可达数十万人次。中国饮料工业十强企业之一的椰树集团常年在这块显示屏上展示广告，一年的展示费用超过 200 万元。

我当即对这块电子广告屏产生了浓厚的兴趣，抓住机会和这位朋友进行了深聊。

我对他说："现在互联网广告的发展势头很猛，传统广告正在受到严峻的考验，如果不及时做出调整，很容易就会被互联网广告代替的。你的这块电子显示屏虽然在海南已经有一定的影响力，但是还有再进一步提升知名度的空间，因为它毕竟还受到地域、行业的限制。"

我的话正说到了朋友心里，他点点头，示意我继续说。

"受地域限制，是因为这个广告牌毕竟不能移动，现有的这些知名度，也只局限在海南省甚至海口市；说它受行业限制，是因为刚刚听你说了那么多客户，但大多还是传统企业，缺乏一些更具互联网气息的企业来进行双向传播，因此在传播力度上要稍弱一些。

"如果我们双方合作，我相信可以在某种程度上改变这个状况。首先，e修鸽在杭州，是一个'外来'品牌，但是我们面向全国市场；其次，e修鸽在'互联网＋家装'这个行业内是一个标杆。如果e修鸽在你的LED屏上展示了广告，一方面，意味着你们在向全国各地、更多的品牌和企业释放友好的信号，无形中打破了地域和行业的局限；另一方面，e修鸽有自己的传播渠道，可以将e修鸽在这块展示屏上投放广告的画面传播出去，互联网化的传播渠道带给展示屏的反向传播效果一定会超出你的预期。还有更重要的一点，海南的家装后市场资源这么丰富，咱们合作，没准还能引起一系列意想不到的行业效应呢！"

这一晚，我没有花 1 分钱，就为 e 修鸽争取了在这块 200 平方米的 LED 显示屏上进行展示的机会，为平台提升知名度、扩大影响力做出了很大贡献。

16 日，我们结束了海南之行，开始下一个地区市场的拓展。在接下来一周的时间里，我跟贾茹先后从海南飞往成都，又从成都飞到了南京，从南京转车去了常州，最后从常州返杭。

我们每天只睡四五个小时，历时 20 天，走访全国 4 个省的多个城市，收获了很多十分宝贵的资料和信息。在这 20 天的市场开拓中，我的助理贾茹瘦了整整 8 斤！

但当我跟贾茹于 9 月 22 日拖着疲惫不堪的身体回到 e 修鸽时，别说夹道欢迎，我们甚至没有收到几声问候和关心，只因为过去的 20 天时间里，我们没有签下任何一单。

不仅如此，回到公司后，整整 2 天的时间里，我们依然没有丝毫签单的动静。我和贾茹瞬间被一片质疑声淹没，有些人认为我就是一个大骗子，只会耍耍嘴上功夫，说出来的目标根本实现不了，之前也只是侥幸签了 2 单，根本没有能力带领 e 修鸽打开市场。

虽然我对自己有信心，贾茹这位见证了我跑市场、跟客户谈判的人也对我有信心，但公司里更多的人对我这个空降来的合伙人并没有信心。众口铄金，积毁销骨，短短一个多月的时间里，我竟然在e修鸽尝到了被高度夸赞又被极度质疑两种极端的滋味。

每当遇到别人的质疑，甚至恶意的诋毁，贾茹偶尔还会激动地挺身而出，为我据理力争。作为当事人的我反而比较淡定，因为我有信心，距离爆发期不远了。

9月24日，对e修鸽的发展来说，具有跨时代的意义。从这一天起，e修鸽进入了高速爆发期。因为在这一天，我和贾茹之前20天的努力开花结果了——客户的合作协议书，如奔流的江河般，滚滚而来。

从24日开始，平均每天有2~3家企业寄来它们的合作协议书，或者直接打电话给我要求入驻e修鸽这个平台，高峰时，我甚至在一天之内签了四五家公司。这种疯狂的状态一直持续到10月初。这样的速度，在e修鸽的历史上是绝无仅有的，除了我和贾茹之外，所有人都被震惊了。

我兑现了我的承诺，9月e修鸽签单的30家客户里，有23家是我跟贾茹签回来的。当时e修鸽的销售团队有足足30人，我加盟e修鸽时定下的KPI是每个月完成一单。

虽然在加盟e修鸽之初，老徐承诺过给我每月1万元的基本工资。但在 e 修鸽那段时间，我基本没有拿过这笔钱，甚至 8 月完成的两单也没有拿过提成。但从 9 月开始，每个月，仅仅提成我就能拿到十几万元！这是在 e 修鸽过去的历史上从未有过的，可能在 e 修鸽未来的历史中，也很难再出现。

9 月和 10 月，可以说是 e 修鸽市场拓展最迅猛的时期。从 9 月开始，e 修鸽的市场呈现出一种全国各地遍地开花的局面。北京、浙江、海南、上海、江苏、四川、甘肃等地区的市场先后被打开，e 修鸽在全国家装行业内的影响力越来越大，知名度也直线上升。

我是一个很会玩又喜欢玩的人。生活中不会像工作时那么疯狂和严肃，所以很快就跟伙伴们打成一片。那段时间狼人杀盛行，我是他们玩狼人杀的必邀嘉宾。

我还记得，"杀"得最酣畅淋漓，最为痛快的一次。时间已近 11 月，高高挂在天空的太阳，仍然有些火热。但秋雨浇灭了夏日的暑气，秋风送来阵阵的微凉，不冷不热的天气，舒服而迷人。周末在工作之余，我照例叫上贾茹和其他几位同事，一起约去"杀人"。

狼人杀是一种桌游纸牌游戏，每局需要有 9~20 人参与，分属神民、狼人、平民三个阵营。有特殊技能的神民，需要跟没有技能的平民一起，找出隐藏在所有人中的狼人；而狼人要杀光所有神民或者平民。这是一个非常有趣且烧脑的游戏，既考验玩家的分析能力与观察能力，又考验玩家之间的默契程度。这次由于我们人少，不够组成一局，所以又加入了几位陌生的伙伴，一起开局游戏。这其中就包括一位不算特别抢眼，当时根本没有在意的新伙伴。

经过两轮游戏之后，彼此之间开始渐渐熟悉起来，刚刚那位不算抢眼的新伙伴引起了我的关注。

原因非常有趣。我关注他，是因为我好像能看透他的心思。又经过几局"生死搏杀"，我们似乎真的"心意相通"，常常能一眼看出对方心里所想。如果直觉告诉我这位新伙伴是狼，那么在那一把游戏中，他一定就是狼；同样，我抽中了"狼"牌，也一定会被他察觉。如果我们是同一个阵营的队友，两个人就会有超高程度的默契，所以这个下午，我玩得非常痛快。

更神奇的是，隔了几天，有位朋友想要介绍他的一位朋友给我认识，据说也是一位创业多年的"老兵"。见了面才发现，对方居然就是那位不太抢眼的新伙伴。

这位并不抢眼的新伙伴，我们后来熟识了之后，都称呼他为大哥，他目前在做一个名为"在他乡"的项目。可能是因为我俩都有丰富的创业经历，也可能是因为我们天生就特别投缘，当我们两人在一起时，总有聊不完的话题，说不完的故事。

有一次跟大哥聊天，他提到了一个关于做 K12[①] 教育平台的想法。他的随口一说，却让我心中一动。教育，其实是一件非常有价值、有意义，能够推动社会发展的事情。针对教育的问题，我跟大哥又开始了新一轮的研讨。我没想到的是，这次萌生的关于教育的想法，竟成为我后来做淘儿学的导火索。

对于创业者来说，创业其中的一个乐趣就是可以通过努力，打造一个金牌项目；同时又可以通过打造好的项目，证明自己的能力。在 e 修鸽，我已经用努力和能力证明了自己，经过几个月的沉淀，渐渐树立起伙伴们对我的信心。在平台业务不断取得突破性发展的同时，我的团队也在不断壮大，伙伴们对我的认可度也在与日俱增。

然而，就在项目蒸蒸日上的时候，e 修鸽内部出了些小问题。

关于这个问题，要从我的个人特点说起，就是事业心远远大于名利心。

如果是给别人打工，即使有人给我百万年薪，我大概也不能干得开心痛快；如果是自己创业，哪怕一分钱不赚，我也干劲十

---

① K12(kindergarten through twelfth grade)，是指学前教育到高中阶段的教育，是北美地区的基础教育阶段。——编者注

足、乐此不疲。简单说来，我内心强烈的责任感，对工作严谨、认真的态度，绝不仅仅是为了赚钱。所以，只要是我经手的事情，就一定会用尽全力，做到最好。

这个特点导致了我对待工作的态度非常强势，只要是对的，我立马就拍板执行，绝不拖泥带水、犹豫不决。

我的这种责任感和事业心，在进入 e 修鸽初期征服了几乎所有人。我逐步全面负责 e 修鸽整个市场发展方向和扩张节奏的把控。事实也证明了，我的强势是正确的，我们确实取得了非常突出的成绩。

但时间久了，问题也随之而来。我和 e 修鸽的其他合伙人在意见和理念上产生了不可调和的分歧。

刚步入社会时，我也曾是一个"傻白甜"，经过几次创业的历练和洗礼，我早已经对人心、人性有了非常深刻的认识。尤其是经历了在北京开会所的那几年，我对"钩心斗角""心计权谋"这些事儿，可以说再清楚不过了。

但我发现，对于这些事儿，我越是了解得清楚，越是懂得，就越发地不屑和厌恶。我更喜欢那些简单、干脆、开心、顺其自然的人和事，这才是真正的互联网应该具有的精神。

特别是顺其自然，顺其自然是一种非常难得的、具有高度的哲学思想的状态。这种状态非常重要，也十分难得。为人处世，其实无须太多浮夸的做作和修饰，也无须过分小心翼翼地掩盖和隐藏，释放性情与天性就够好了，只要活得"真"，就会很精彩。

针对我的这个观点，我的合作伙伴和员工们常常说我："你明明是一个精于心计的创业'老司机'了，怎么还会有一股书生意气和一颗赤子之心？这与你的老到和八面玲珑的能力，显得有些格格不入啊！"但人都是矛盾的，我也是如此，一方面精于这些钩心斗角，一方面又非常不喜欢这些。

所以当意外悄然而至时，我早已有了准备。创业的那些痛苦和历练都没能打倒我，更何况区区一些"钩心斗角"。

然而，虽然没有被这些明争暗斗打败，理念上的巨大分歧却让我意识到一个问题：我可能到了该离开的时候了。

有人说，时间就像脱了缰的野马，谁也无法阻挡它飞驰而去的马蹄。这匹野马带着我，一路飞驰，踏过了一个又一个日日夜夜。转眼间，时间到了 2016 年 12 月，我来到 e 修鸽已经 3 个多月。

12 月已然开始入冬，但杭州的冬天远没有莫斯科那种滴水成冰般的寒冷，不如纽约冬天那样刺骨和凛冽，也没有北京冬天那样的冰天雪地。杭州的 12 月，寒风瑟瑟，阵阵微凉。跟我去过的很多城市相比，杭州的冬天真的算不上冷。

我曾跟大哥开玩笑说，真正的创业者都不怕冷，因为创业者每天忙得甚至没有时间去感受"冷"。

随着气温的不断下降，我与e修鸽其他几位创始人在经营理念与企业价值观等问题上的分歧越来越大。

我想，作为创业者，我该起航了。我想要离开e修鸽，开辟自己的航线，寻找属于我的新大陆。恍然间，我想起了教育这个领域。

自从上次听大哥聊过一点关于教育的问题，我便一直对教育行业很感兴趣。念念不忘，心有戚戚。不得不承认，从我的女儿出生，到在美国经历了一次生死之后，我的很多观念都发生了些微妙的变化。

十几年前，当我刚刚开始创业时，根本不知道什么叫生活。因为，我那时的全部生活就是努力奋斗，拼搏创业。创业如同走钢丝，而对每一位想要创业或者第一次创业的人来说，我们在走上这根钢丝之前什么都没有，一切都是从0开始，稍有懈怠就会掉入万丈深渊！

如果把当时我脑子里的关于如何经营企业、如何组建团队、如何管理公司、如何占领市场这些东西全部拿走，整个人大概就空了。也确实是这些填满我、令我充实的想法和理念，让我从一个一无所有的穷小子，成为如今能够站在台上侃侃而谈的创业者，对当时的我而言，工作就是我的全部，在我心里的占比无疑是100%，而生活的占比，是0。

八年前，我迎来了第一份爱情。情窦初开时，我的心里充满了对爱情的憧憬和渴望，甚至愿意为了爱奔赴海南，重新开始创业之路。但当爱情和事业发生冲突时，我选择了事业。工作在我心中的占比仍然高达80%；对于爱情，我虽然充满期待，但占比只有20%。

两三年前，前妻和女儿改变了我。从女儿出生的那一刻起，我的身上好像多出了一份甜蜜而沉重的责任，轻轻柔柔又极有分量地压在我的心头。女儿带给我的并不是负担，而是动力，是一种想要拼尽全力帮她做好一切、用自己的生命保护她、努力想要为她树立榜样的感觉。

也是从这个时候开始，爱情、家庭、孩子在我心中的分量越来越重。虽然我仍然保持着那种"为了工作可以奉献生命"的精神，但家庭和亲人却已牢牢地扎根在我的心底深处，成为我努力奋斗的动力和源泉。

时至今日，我依然为了工作拼搏着，将我几乎全部的时间和精力奉献给工作。但是，我对于爱情的渴望、对家庭的向往，以及对我的小天使无比强烈的爱，都在心底不断地发酵、升华。家庭和女儿在我心中的分量，已经和我对创业成功的渴望同等重要，成了我生命中最重要的组成部分。

不知从何时开始，我已经从一个因为不甘平庸而不愿屈服的创业者，变成了一个因为爱而努力奋斗、充满了温度与温情的创业者。心态和价值观的改变，让我的很多决策和选择，也发生了很微妙的变化。

我清楚地意识到，如今我所需要的，不再是一个能够让我迅速赚钱的项目和领域。我所期待并一直在寻找的，是一个有温度的、能够实现我的人生价值的项目。

而教育行业，虽然远不如餐饮和家装等行业赚钱快、赚钱多，甚至充满了来自政策和市场的不确定性，但教育的魅力在于，它能够真正帮助到一些有需要的人，甚至是改变他们的命运。

我现在虽然常站上舞台，向那些心中怀着创业梦的人诉说过去十几年的创业经历，笑谈我曾经遇到的挫折与困难，分享我曾经取得的成功和名利，但在我的心中，也时时萦绕着一个疑问。

如果我当年好好读书、认真学习，考上了一个不错的学校，毕业之后走向社会，经历一番与现在截然不同的生活，那将会是一副怎样的光景？

书本虽然不能直接给予我成功，但其中蕴含了许多前人总结出来的经验和真理，能够帮助我在创业道路上少走很多弯路。正因为如此，我在品尝创业的艰辛时，曾不止一次地懊悔自己过早辍学。

值得庆幸的是，我们那个年代属于草根创业的时代，涌现出了大量的草根英雄和寒门贵子，比如普通教师出身的马云、大学毕业生马化腾、来自农村的孩子刘强东、普通教师家庭出身的雷军等。而我在这个群星闪耀的时代，只是一个极微小、极不起眼、极其普通的个体。这个时代的成功创业者，大多经历了孟子所说的"苦其心志，劳其筋骨，饿其体肤"，因而才能承受起"天之大任"。

但如今的时代早已不同往昔。这个时代，是属于精英的时代。如果没有高学历，或者没有一颗时刻保持学习状态的心，无论是创业还是工作，都会寸步难行、举步维艰。

为了快速实现与教育行业的接轨，我担任了浙江多所大学的创业导师，将自己的创业经历分享给这些祖国未来的栋梁。在此期间，我不仅对当下教育行业的现状有了一个系统的了解，也在讲课的过程中收获了很多乐趣。

经过仔细考察和研究，最后，我决定聚焦K12教育。

让我最终下定决心的，是我的女儿。

当我从美国回来，在北京见到女儿后，脑海中就无数次地幻想，我女儿的未来将会是什么样子。我想让她健康快乐地成长，想让她从小学习一些才艺，这样就能拥有一技之长；我希望她不仅美丽，而且出众，我似乎已经看见她骄傲地仰着脸笑着，而我站在她身后为她鼓掌……

我想得太多，期待得太多，脑海中的想法让我越来越觉得，我应该为了我的女儿，为了全天下父母的儿女们做点什么！

于是，我最终决定要做教育，要做专注于 K12 的教育，让包括我在内的所有对孩子满怀希望的父母，能够在我这里找到方法和渠道。

当时，我还没有梳理清楚淘儿学的商业模式和产品逻辑，甚至还没有"淘儿学"这个名字，但我的心中已经升腾起一股要做 K12 教育的熊熊烈火，燃烧出冲天的火光，照亮了一片天地。

我当然清楚，要想在教育行业立足特别困难。因为我曾听很多人说起，无论是线上或是线下的教育市场，早已经被瓜分殆尽，不再有什么发展空间。我也曾听很多人说起，教育政策紧缩，监管严格，要跟方方面面的人和机构打交道，非常难做。

但在我看来，只要教育是值得做的，那么，别人口中的困难对我而言就不是问题，因为我从来就不会畏惧困难。在这个世界上，没有解决不了的困难，只有解决不了困难的人。只要教育值得我为之努力和奋斗，这就足够了。

我是个行动派，不喜欢瞻前顾后、犹豫不决，心中有了想法，就不会因为惧怕困难而退缩。所以我要开始行动了。

经过一段时间的斟酌和思考，我把我的想法，在平时用来胡侃闲聊的微信群里，简单地跟几位特别要好的伙伴说了一下。不出所料，一石激起千层浪，整个微信群如同在滚沸的油锅里倒入一碗清水，油花四溅。虽然反应热烈，但没有任何人表示反对或者质疑。所有人都表示，他们愿意跟随我出去创业，愿意站在我背后，支持我去做这件有意义的事。

当时，我在很多 e 修鸽的伙伴们的心目中，已经成功升级为一个无所不能的"战神"，他们对我产生了一股发自内心的信任。而群里的这些我的"老铁们"，对我更是有一股疯狂到几乎盲目的崇拜与信任。正是因为这种崇拜与信任，在我还没有项目、没有公司、没有资金、没有模式，一切都还处于待定状况的时候，他们就毅然决然，坚定不移地愿意跟我一起创业去。

团队已经就绪，随时可以"攻占一个山头"。现在我所要思考的是两个问题：怎么实现我对 K12 教育的理念和想法？什么时候开始？

淘儿学诞生

我不排斥圣诞节，但对它也没有特别狂热的热爱。但 2016 年的圣诞节，却让我铭记终生。

2016 年的 12 月 24 日是周六。这一晚显得格外安静，人们大多相约聚会，共同庆祝一年一度的圣诞节。

在这个平安夜里，我坐在窗边，凝视着寂静无声的夜空。

我已经决定了下一个创业项目的方向是 K12 教育，处理好手上的工作，我就会申请离职。最近，我身边这群要好的伙伴们的日常娱乐，除了狼人杀之外，还新增加了一项内容，就是关于未来方向的讨论。

思考未来要比总结过去和分析现在困难太多了。尽管几位伙伴都有很多非常好的想法，但一直没有梳理出一个明确的商业模式和产品雏形。

对于像我这样不甘服输又有比较强烈的控制欲和主导欲的人来说，无论做什么事，都要弄得明明白白。比如，我想要做教育，那么首先要弄清楚什么是教育，我想做的是什么样的教育？这一点对于所有的创业者而言都至关重要，不能因为想创业便一头扎进了创业圈，而是要多问问自己，为什么要做这个项目，项目的未来在哪里。时至今日，我也不敢说自己对教育理解得有多深刻，但至少，我沉心静气地认真思考过。

教育，顾名思义，即为教导培养之意。通俗来说，就是教书育人。中华民族从古至今，对老师都是极为尊敬的。教师被誉为辛勤的园丁、灵魂的工程师，肩负着"传道授业解惑"的重任。从对老师的尊敬中，可以推导出一个结论，即中华民族自古以来便是一个崇尚教育的民族。

而教育的根本，到了今天其实已经出现了很大的偏差。教育已经不仅仅是教书育人，其主要功能也已经不是传递知识，更重要的是培养学生的核心素养。

最好的教育是适合学生的教育。而适合学生的教育，只有在被教育者和教育者的不断选择中才能被发现、才能实现。努力把更多的学习选择权交给学生，把更多的授课权交给老师，把更多的教育权交给学校，让教育的内在发展活力更充分地涌流和迸发出来，才是我们今天所倡导的教育的正确发展方向。

古时候的教育，首要教导的是品德和心性，然后才是培养知识和技能。由于如今社会进入了一个高速发展的快节奏时代，现实情况决定了我们很难进行无法量化考核的品德心性教育，所以大量的应试教育应运而生。

辩证地看，应试教育虽然在一定程度上忽略了对品德、心性和素质等方面的教育，但在很长一段时间里，也为祖国输送了大批量的人才，成为很多人从"寒门"转为"贵子"最重要的途径。

但随着如今社会的发展，对品德、心性和素质等方面综合能力的要求不断提高，孩子们在9年义务教育、3年高中和4年大学时期所接受的知识和内容，已经远不能满足社会的要求。

我知道，想改变教育的大环境非一人所能做到，更非一朝一夕就能实现，需要大量的教育人士一起出发，一起努力，一起向教育大环境改革前进。正因为如此，我才更加坚定了做教育的决心。

我要做K12教育，即孩子从幼儿园到高中这一阶段的多元化教育，包括但不局限于应试教育，要让孩子们在应试教育方面取得优势的同时，深度挖掘孩子们的爱好、特长，丰富孩子们的精神世界和生活，提高孩子们的综合素质。

我不仅有自己对于教育的思考，还有一套独特的教育杠杆理论。

国家宏观调控，反复强调要去产能、去杠杆，这里的杠杆多是指金融杠杆。这没错，为了降低风险、提高安全性，确实应该去掉金融的杠杆。另一方面，为了更好地教育孩子，培养出更优秀的人才，这个杠杆应该加到教育方面。那么，什么是给教育加杠杆？

教育的杠杆就是通过正确的教导和指引，撬动孩子的爱好和兴趣，进而培养出孩子的特长，让孩子获得良好的心态和自信心，进一步提高孩子的综合素质。再通过综合素质的提升，反作用于应试教育，相辅相成，让孩子成为内外兼修的优秀人才。

这就是教育的杠杆，关键在于正确的教导和指引。孩子的天性都是好玩、好奇甚至好胜的，只要正确激发兴趣，想撬动孩子整体素质的提升绝非难事。

杠杆的原理和逻辑梳理清楚了，我们还缺少一个最关键的东西。正如两千多年前古希腊伟大的哲学家、科学家阿基米德所言："给我一个支点，我就能撬动地球。"阿基米德撬动地球的理论，其基础就是杠杆原理，所以，我们想要用杠杆撬动孩子的教育，就需要一个强有力的支点。支点在哪？我就要做这个支点。

理解了教育，分析了创业的方向，我要做什么就一目了然了。既然要做支点，那么就要有支持起杠杆的能力。除了坚固和稳定之外，最重要的内容就是教导、指引孩子的爱好和兴趣。那么，为什么目前已经快被瓜分殆尽、近乎饱和的教育行业内，没有一个机构可以做这个支点？

目前，中国的教育按照授课方式不同，可以分为在线教育和线下教育两种；按照所面对的群体不同，又可以分为应试教育、少儿教育、出国留学教育、职业教育、成人教育等 5 大类。在同一类目下，又细分出很多不同的领域。比如同样是少儿教育，少儿英语教育和少儿音乐教育、少儿体育教育完全不同。甚至同样在少儿音乐教育里，还会细分出钢琴、小提琴、电子琴、手风琴等类型。

所以现实的情况是：教钢琴的教育机构，只能培养孩子音乐方面的才能；教绘画的教育机构，只能激发孩子在绘画方面的艺术灵感。术业有专攻，几乎每个优秀的教育机构都有自己所擅长的领域，但领域之外的内容，是一片空白。所以世上不存在对所有领域都擅长的机构，只有涵盖了所有领域的平台。

明白了目前教育领域的基本情况，问题就简单了。既然我要做用教育撬动孩子成长的支点，那么这个支点就一定不能片面、不能存在空白，而是要覆盖全领域。所以，我要做一个覆盖全领域的平台。

就像淘宝，它只是一个购物平台，但里面拥有几乎所有你能想象得到的商品。而我要做的平台，就是教育领域里的优质加强筛选版的"淘宝"，筛选出优质的、可靠的教育机构来入驻我的平台，为有需求的父母，提供一篮子系统化的对孩子的教育。这就是我要做的支点。

想通了这一点，我顿时感觉神清气爽，展开微微皱起的眉头，整颗心豁然开朗。我望向窗外依然安静的夜空，乌云似乎已经散去，月光比刚刚明亮了几分。看起来，明天应该是个好天气。

其实我之所以能够想通这一点，还是要感谢我的女儿。

出于一位父亲的心理，我每时每刻都想要把全部的好东西都给女儿，却经常没有头绪，不知道从何入手。我不知道她到了1岁应该学些什么；不知道以后要让她学钢琴还是小提琴；不知道怎样激发她更多的兴趣和特长。

想知道的太多，可是不知道的却比想知道的更多。所以我就想，要是有这么一个能够帮助我挖掘孩子的兴趣，发现孩子的天赋，撬动孩子的成长，让爸爸妈妈们能够发现孩子未被发掘的天赋的平台就好了。

但现实是，并没有这个平台。

既然没有，身兼父亲和创业者双重身份的我，为什么不能打造一个这样的平台呢？为什么不能凭借我的努力，让我的孩子和全世界无数个家庭的孩子一起，都能够有这样一个用教育来撬动孩子成长的机会呢？

对，我要打造一个杠杆下的支点。

时间已经过了 0 点，我伸了一个懒腰，没有一点睡意，身体里的所有细胞都在兴奋地澎湃着。项目应该叫什么名字呢？起名字是个复杂而艰巨的大问题，我在心中构想了很多名字，又觉得不够好，最后还是决定等到天亮以后，跟小伙伴们一起讨论。

时间到了 12 月 25 日，平安夜就这样不平凡地过去了，2016 年的圣诞节，就这样在我毫无准备的情况下悄然来临了。这个夜晚，我想通了很多，明确了很多；这个夜晚，简直就像是上帝馈赠于我的"麦琪的礼物"。这个不平凡的圣诞节，将永远铭记在我的心中。

夜深了，我将今晚的思考记录下来，便沉沉睡去。

后来，经过我跟伙伴们无数次的头脑风暴，我们最终给新项目取了一个非常调皮可爱又充满亲和力的名字：淘儿学。我很喜欢"淘儿学"这个名字。

12 月 26 日,星期一。淘儿学已经万事俱备,只欠一点东风了。但在借东风之前,我要先处理好 e 修鸽这边的事。

我骨子里是一个极负责任的人,绝不会为了自己的梦想,就对其他人不管不顾。因此,即使要离开了,我也坚持好聚好散,把手上的所有事情都做好交接,给我的继任者和曾经相信我、愿意将重任交给我的人一个交代。这也是我一直坚持的待人处事的原则。我想,也正是因为我始终坚守着我的这些处世原则,才能够让我交到这么多的朋友,得到这么多人的认可和支持。

根据现有的客户,交接完手上的工作,2017 年 1 月 6 日,星期五,我正式离职,离开了工作将近 5 个月的 e 修鸽。我选择在事业最辉煌的时候离开 e 修鸽,我在 e 修鸽这段时间所创造的业绩纪录,至今仍无人能超越。

对于我的离去,很多人都非常诧异。在他们看来,e 修鸽在我的规划下,未来的发展必然一路高歌猛进,拿到 B 轮、C 轮融资绝不是问题,也不是没有 IPO 上市的可能。只要再坚持一段时间,完全可以等融到了新一轮资金,成功套现后,再从容退场。想创业也好,想做其他的工作也好,套现离开才是最明智的选择。而我,为什么要急于一时?

听了这样的话，我笑了笑。我知道对我说这样推心置腹的话的人，都是真心地在为我考虑，是把我当成了真朋友。只是，他们还不是十分了解我。

我选择在此时退出，并不是不看好 e 修鸽的未来，也不是对未来有可能变现的机会不感兴趣。只是收入和虚名，已经不再是我选择创业的全部追求。我不会因为金钱和虚名而留恋，我选择离开，一方面是因为我与 e 修鸽的几位合伙人意见不合，而这样的分歧，势必会影响平台未来的发展，对 e 修鸽来说未必是件好事；另一方面，我已经发现了一个好的项目，我不想错过这个机会。认定了就拼尽全力去做，这是每个创业者都应该坚守的初衷！

但我渐渐发现，越来越多的创业者，被金钱和虚名冲昏了头脑，早已经失去了当年创业时的勇气，忘记了当年创业时最初的梦想。如果丢失了创业的初心和坚守，失去了勇气和果决，便相当于失去了创业者最核心的灵魂，失去了能够站着笑对失败的气魄，甚至已经不配叫"创业者"，称之为"投机者"或许更为准确。

无论创业成功或者失败，我时刻都在警示自己，要保持当年站着笑对失败的那份骨气，这才是一位可敬的创业者应有的风范。所以当我看到一个能够为别人创造价值、能够让自己实现价值的项目时，无论身处何种位置，我都会义无反顾地投身其中。

作为一位有近 13 年创业经历的创业者来说，创业就要倾尽所有、就要 all in、就要轰轰烈烈，哪怕失败又何妨！

偶尔我也会想，如果未来某一日，我创业有所成，赚到了一些钱，那么我一定会拿出我全部积蓄的 50% 来做公益、做基金，就像 Facebook 的创始人扎克伯格那样。

毋庸置疑，扎克伯格是全世界最富有的人之一。但他的生活非常简单，住普通的房子，开普通的车，唯一不同是的是他娶了一位非同一般的妻子。他的妻子跟他一起，将他们的财富都用在了公益和慈善方面。

如果我创业成功，我可能也会如扎克伯格这样，做公益与慈善，帮助更多的人。但不同的是，除了慈善事业之外，我会拿出一笔资金，专门用来投资那些经历过多次失败，却仍然初心不改的创业者。我经历过多次失败，也知道失败的滋味，我希望这些仍旧怀有初心的创业者们，都能够有一次东山再起的机会。

离职之后，我没有给自己放假或者休息的时间。因为我知道，未来的日子我可能会比之前更加忙碌，身上的压力也会更加大。寻找公司新址、组建团队、成立公司……有太多的事情等着我去处理。

那段时间，我时常会想起 13 年前自己第一次创业的时候，什么都不懂，以为找一间办公室，买一张老板椅，找个助理，印几张名片就是创业了。如今回想起当年创业时那股执拗、不服输的"傻气"，仍会忍俊不禁，感觉温暖和欣慰。

那个时候，我的公司一共只有两个人，一个是我，另一个是负责接待和处理杂事的助理。团队不断发展，慢慢扩大到了6人；再后来到了餐饮界，团队也从十几人逐渐发展成为几十人；在北京开会所的那段时间里，巅峰时团队甚至达到了上百人。

有的创业者说，创业就是带团队。虽然有些片面和局限，但也说明了团队的重要性。对我而言，组建自己的团队并不算难。因为我知道如何带团队，我知道我的团队需要什么。

他们需要可观的收入和一个充满希望的未来。

在团队成立之初，我曾向他们坦言，暂时无法给他们可观的收入，但一定可以带给他们充满希望的未来。对于这个看似虚无缥缈的承诺，我的每一位团队成员都选择了无条件地相信。

从e修鸽离职时，我带走了5个人。这5人都在阿里巴巴任职多年，有着丰富工作经验，有几位都拿着20万元年薪。但加入淘儿学后，我仅能给他们开出每个人每月4000元的薪资。这个数字对他们来说，几乎低到不敢想象。但他们依然毫不犹豫地选择了和我一起创业。

更令人惊讶的是，在我离开 e 修鸽想要自己创业时，想要跟我一起走的多达十几人。他们听说了我要离开的消息，都要求和我一起拼搏奋斗。但因为淘儿学刚成立，规模和资金都十分有限，即使每个人都只拿 4000 元的工资，也是我无法负担的，所以，我最终只带走了 5 个人。我相信，他们愿意跟着我一起打拼，绝不是因为待遇，而是因为对我这个人十分认可，对我要做的事充满信心，对我未来的创业之路，充满了希望。

而我作为这个团队的领导者，可以回馈给这些无条件信任我的伙伴的，还有轻松、愉悦的工作氛围。

跟我在一起工作，他们不仅有了很大的成就感，而且都很快乐。

我的团队与一般的企业团队不同，我们的日常，就是"黑人"与"自黑"。团队相处融洽到肆无忌惮，每个人在这里都能找到最真实、最快乐的自己，比如我的铁杆迷妹贾茹，比如自带"被黑"体质的直男土土。

我的特点是，玩的时候，很放肆很任性；认真的时候，很拼命很疯狂。放松的时候，所有人都闹成一片，伙伴们都爱开我的玩笑，而我也自愿成为他们口中的"老司机""老铁"；但只要面对工作，大家都能迅速进入状态，几乎不需要我进行指挥和调动，就能近乎完美地进行工作认领和协作。因为曾经是一起共事的同事，因此，我们这个创业团队，少了很多彼此磨合的时间。

团队组建完成后，公司开始选址。

我对杭州的梦想小镇有一种特别亲切的感觉。毕竟我进入互联网圈的契机，就是从梦想小镇开始的。而且梦想小镇的环境非常好，包括自然环境和创业环境，所以新公司最终选择在梦想小镇落户安家。

2017 年 1 月 20 日，杭州尔学教育科技有限公司注册成功，淘儿学正式成立了。这是我的第六次创业。

淘儿学是一个专注于 K12 阶段、覆盖全领域教育的移动互联网平台。对于家长和小朋友而言，淘儿学扮演了三种角色。

淘儿学的本质是一个教育平台。在平台上，你可以找到从幼儿园到高中阶段的所有教育内容。比如，你希望孩子学习钢琴陶冶情操，但孩子自己喜欢篮球，想报个篮球培训班。在没有遇见淘儿学之前，你可能需要先去找教钢琴的教育机构，再去找教篮球的教育机构，不仅费时费力，还不一定能够找到最称心如意的。如今，淘儿学找到了这些机构，亲自实地考察，并将这些机构统统放到了淘儿学平台上。你只需要在淘儿学一个平台，就能够找到各个领域的优秀教育机构。此外，淘儿学平台接下来还将引入大数据和人工智能，为家长打造定制化的教育服务。

淘儿学的附加功能是有一个培养和教育孩子的交流社区。淘儿学平台有一项"资讯"，可以让家长们尽情交流育儿心得。在这里，父母们不仅可以看到自己育儿过程中的问题，也能够学习到别人的育儿经验。

淘儿学同时具有一定的监督功能。如果发现哪家机构存在问题，可以在淘儿学平台检举举报，通过淘儿学第三方平台的舆论，对教育机构产生一定的监督作用，保障家长们的权益和孩子们的安全。

淘儿学坚持"用科技助力教育，让孩子发现更好的自己"的使命，汇聚以人为本、个性发展、多元共享、科技创新、信誉保障、博大精深的经营理念，真真正正、踏踏实实地为中国的孩子和父母，做一些有价值的事情。

这是淘儿学的目标，也是我的创业初衷。我要把我的理念、我的经验、我最有价值的东西，分享给更多的人。通过我的努力，能够更积极、更正能量地影响更多的人，让他们在面临选择的时候，能够多一个参考的方向。

淘儿学以一种非常特别的定位进入教育领域。它不是竞争者，并不想跟现有的教育机构和平台抢夺用户和市场；它也不是颠覆者，不想颠覆哪家平台，更不想颠覆教育行业。

如果非要对淘儿学进行定义，那么，它是一个融合者、一个推进者。它以一种平行且互助的关系和模式，与行业内现有的各个机构与平台相处。

因为淘儿学并不做具体的教育培训，它要做的是一个融合的平台，一个广大的入口，一个专业的社区，一个放心的品牌。它能容纳并接受所有合规可靠的教育机构和平台，为他们增加一个新的流量入口，对现有的这些机构平台而言，这是有百利而无一害的。

同时，经过筛选和融合后的淘儿学平台，能够给有需要的家长，带来更安心、更系统、更全面、更有保障的服务。

所以，淘儿学是行业的融合者、推进者，能够真正达到家长、教育机构和平台、淘儿学自身三方共赢，进而推动教育行业的规范化发展。这是淘儿学独有的魅力。

随着前期工作的相继完成，淘儿学正式运营起来了，如今公司的发展也进入了正轨。但如幼生之雏鹰一般的淘儿学，目前还有很多不完善的地方和亟待解决的问题。现在面前就有两个问题要解决——淘儿学的权威性问题和资金问题。

为了解决这两个问题，我带着淘儿学的项目，积极参加了很多活动。其中一个就是梦想小镇主办的创业大赛。

创业大赛的规则很简单，所有梦想小镇的创业项目都可以参加并上台路演。组委会邀请创投圈内的几位知名大咖坐镇，点评项目并给项目打分，最后获得前四名的项目，可以获得梦想小镇的创业大奖，每个项目可以获得20万元的创业基金及3年免租金的办公场地。

创业大赛对很多创业者而言，既是机遇，也是挑战。

在我所见过的创业项目的背后，不乏一些优秀的、令人敬佩的创业者。但同时，做这些项目背后的目的，也不尽相同。

有一些人是为了创业而创业。他们并不知道自己到底想要什么，创业甚至可能只是为了印在名片上的，看上去光鲜亮丽的"CEO"这个职务。

有一些人是为了投资人而创业。他们以为自己看到了所谓的创业大时代下的风口、看到了投资人隐秘的投资倾向和投资喜好。但实际上，他们并不是为了自己的梦想而创业，所以在前进的道路上极易失去方向，"摔死"在风口下。

更多的人是为了赚钱和一夜暴富而创业。但是这一类型的创业者，往往无法承受创业过程中的痛苦与挫折，一旦短期内无法获得预期中的收益，或者项目无法融资套现，他们就会立刻萌生退意。

正因如此，参加创业大赛的机会，对于创业者而言就显得格外重要和珍贵。因为那些怀着赤子之心，真正有价值的项目，会在创投圈大咖的慧眼中脱颖而出，获得资金和政策上的帮扶，从而有可能稳健、快速地在创业浪潮中生存下去。

但想要在如此多的创业项目中获得青睐，对大部分创业者而言，不是易事。

我在得知这个大赛后，第一时间就报了名。因为我们如果能在大赛中胜出，不仅可以极大地提升淘儿学的知名度，还能为公司获得一笔运营资金；而这种形式的路演是我的强项，我有绝对的信心可以获胜。

毛主席曾经说过："在战略上藐视敌人，在战术上重视敌人。"

我把这句话运用在我的创业过程中，作为我的创业战略指导思想，往往能收到奇效。这一次的创业大赛也是如此，我认真备战，积极准备。

从开设培训中心开始，我就养成了脱稿演讲的习惯。因为对于一个创业者而言，创业项目就如同他的孩子。对于自己的"孩子"，创业者早就将它的一丝一毫都铭记于心；向投资人说起自己的"孩子"时，也必然是胸有成竹、滔滔不绝的。绝大部分的优秀创业者，都是天生的演说家，马云如此，雷军也是如此。我虽然还远远没有达到他们的高度，但是十几年创业经历的磨炼，早已让我形成了稳健的演讲台风。

在创业大赛上，我依然选择脱稿演讲。在站上舞台、拿起麦克风的那一刻，我仿佛回到了培训中心，在台上讲课的时候。所有人的目光都落在我的身上，舞台上的灯光都为我点亮。台下坐着我的伙伴们，他们看向我的目光中是满满的信任与期待。

然而，当我的目光扫过那几位坐在第一排的投资人时，内心竟然有了一丝颤抖。这是我第一次带着我的"孩子"站在投资人面前，我的"孩子"还很年幼，没有经过市场的考验，它会不会还不够成熟？会不会还达不到投资人的要求？

一时的紧张让我出现了两次卡顿，但我迅速调整了心情，依照之前准备的，向投资人和台下的观众展示了剩下的内容。我的路演因为这两处卡顿而有了瑕疵，我对自己的表现不太满意，但也因为投资人的点评而感到兴奋。

创业大赛结束后，我最后一个走出会场。站在阳光下，我停住了脚步，深深吸了一口气，又缓缓吐出。我抬起头看向天空。天空很蓝，也很宁静，就像此刻我的内心，安静透彻，仿佛有所顿悟。

在本次创业大赛中，淘儿学的创业项目获得了第三名。我对这个成绩不太满意，我知道，如果正常发挥，我是能够拿下第一名的。但我总算不负众望，顺利完成了参加活动时给自己定下的目标——提升淘儿学知名度和赢取创业基金。不过我也意识到，虽然我有自己的优势和特长，但仍然有很多的不足，在未来的创业路上，我还要不断学习和成长。

之后的几个月里，淘儿学和淘儿学的团队，在学习与工作中不断进步，在欢笑与感动里不断成长。我们团队中的每个人都在快速提升着。

一次偶然的机会，我结识了圈内一位非常资深的大咖，淘儿学的项目得到了他的认可。

2017 年 5 月 19 日，淘儿学获得了这位投资人 100 万元的种子轮融资。这笔融资将用于扩大淘儿学的团队，以及迅速拓展淘儿学的市场。我从未让相信我和认可我的人失望，这一次也是一样。我相信淘儿学，我相信我的团队，我也相信我自己的能力。

因为我是个天生的创业者；因为我只会被打败，永远不会被打倒。因为我是 Jackie，谢宏程。

带梦想远航

如果用两个字总结我这13年的创业，我想那一定是：折腾。

据说在很久以前，有一种没有脚的鸟，它们一直飞翔在空中，永远不会停歇。在它们的一生中，只会有两次着陆，一次是出生，另一次是死亡。我觉得自己很像这种鸟，一生注定了不会停歇。因为我不喜欢安逸，更不喜欢平庸。所以，从离开家一个人踏上创业之路开始，我从未畏惧，也从未停止。

我经历过成功，也品尝过失败；曾经身家千万，转瞬又负债累累；曾经春风得意，也曾经落魄困窘；穿越过迷茫困惑，顿悟过是非人生。

我十几岁从家里出来，开始闯荡社会。从数控厂最普通的一名技工开始，到离职创业，赚取了人生的第一桶金。创业之初我一无所知，凭着一股信念和拼劲儿，开起培训公司；在培训中心最辉煌时，我进军餐饮领域，经历了在海南的第一次创业失败；之后我辗转来到北京，开起了会所，同时又第二次进军餐饮业，巅峰时年收入过千万元；转瞬间我再次经历失败，宣布破产，负债累累后败走美国，借助朋友的帮助，东山再起；归国之后，进入了互联网领域，终于找到了愿意奋斗一生的方向。

在创业这条路上，我不断地尝试、不断地改变、不断地折腾，这一走便是 13 年。

一路走来，我经历了太多，几乎尝尽了世间的酸甜苦辣咸，也体验过无数的喜怒哀乐。我一直在不停地折腾：折腾自己、改变自己，让自己永远处在奋斗之中，处在学习之中。我没有体验过安逸，也从不向往安逸，我一直在努力拼搏。

因为我知道我想要的是什么，也知道我所追求的是什么。我创业，绝不仅仅是为了经济上的满足，更多的是一种天生的爱好与对梦想的追求。我希望能够通过我的努力，用我的思想和我的行为，去积极地影响一些人、改变一些人。不管最后能做成什么样，也不管我的梦想是否能够实现，只要为之努力过、奋斗过，我已经无憾了。

所以，对于一直在折腾的我来说，13 年来唯一未曾改变的，可能就是对梦想的坚持和对原则的坚守。

我非常喜欢闻名世界的德国哲学家尼采的一句话："人，因梦想而伟大。"人当然也会因坚持不懈、永不放弃地追逐梦想而伟大。虽然我还远远不是一个伟大的人，但我愿意为我的梦想奋斗终生。我相信人定胜天，也相信天道酬勤。

只要一直不放弃，一直在奔跑，一直在努力，那么皇天一定不负苦心人，总有一天，我会追上梦想，取得成功！